絶対合格プロジェクト

漢字検定 4級

頻出順 完成問題

本書の特色

本書は、日ごろなかなか学習時間の取れないみなさんが、「25日間」という短期間で、日本漢字能力検定協会が主催する「**漢字能力検定**」に合格できる十分な実力を完成させ、なおかつ検定前に最後の実力確認ができるように、以下の**5つの工夫**をしています。また、**改定された常用漢字表**に対応しています。

1 問題を出題頻度順に厳選！

最短距離で合格ラインに到達できるように、過去の試験問題を徹底的に分析し、出題頻度の高い問題(**頻度順にランクA・B・C**)を選び出しています。これらの頻出問題を学習すれば、最小の努力で最大の効果が得られます。

2 一日の適切な学習分量を絞り込み！

必須である「読み」や「書き取り」を中心に、「同音・同訓異字」「対義語・類義語」「部首」「四字熟語」「誤字訂正」など、実際の検定試験で出される多様な形式の問題を織り交ぜて**日割り**にし、**一日当たり6ページ**に収めました。これにより、途中で飽きることなく、無理のないペースで学習を進めることができます。

3 繰り返し学習が可能！

解答が赤刷りになっているので、チェックフィルターを使えば、赤文字の解答部分だけを消すことができます。これにより何度でも繰り返し学習することができ、頻出漢字、苦手な漢字をしっかりとマスターすることができます。

4 実戦模試で本番前に力試しができる！

計3回、本番の検定試験と同じ出題形式のテストを設けました。これを実際の検定時間と同じ時間内で解くことによって、時間配分やこれまでの**学習成果の確認**ができます。

5 試験直前まで最後の確認ができる！

本書の大きな特長として、巻末に「**ファイナルチェック**」を設けています。これを使えば、それぞれの出題分野の超頻出問題を、検定試験直前までチェックすることができます。

目次

4級の出題内容について

4級では、**小学校で習う学習漢字**(1026字)と**4級**(313字)の配当漢字が、出題の対象漢字となります。

「読み」の問題(下表の「短文中の漢字の読み」「同音・同訓異字」「漢字識別」「熟語の構成」「対義語・類義語」「四字熟語」「誤字訂正」)では、4級の対象漢字すべてが出題範囲となります。4級の配当漢字が出題の中心です。

「書き取り」の問題(「対義語・類義語」「漢字と送りがな」「四字熟語」「誤字訂正」「短文中の書き取り」)では、小学校で習う学習漢字が出題の中心です。

「部首」の問題(「部首」)は、対象漢字すべてが出題の範囲になります。

そのほかに、巻末資料にまとめた熟字訓・当て字も出題されるので、確認しておきましょう。

以上のように、4級の配当漢字が学習の中心となります。また、小学校をすでに卒業している人は、以前習った漢字でも確実に書けるようにしておくことが大切です。

級別出題内容と対象漢字数

内容＼級	4級	3級	準2級	2級
短文中の漢字の読み	○	○	○	○
同音・同訓異字	○	○	○	○
漢字識別	○	○	／	／
熟語の構成	○	○	○	○
部首	○	○	○	○
対義語・類義語	○	○	○	○
漢字と送りがな	○	○	○	○
四字熟語	○	○	○	○
誤字訂正	○	○	○	○
短文中の書き取り	○	○	○	○
対象漢字数	1339字	1623字	1951字	2136字
対象レベル	中学校在学程度	中学校卒業程度	高校在学程度	高校卒業・大学・一般程度

「日本漢字能力検定」受検ガイド

（個人受検の場合）

●検定実施日
毎年３回、日曜日に実施しています。
第１回…５月か６月、第２回…10月か11月、第３回…翌年の１月か２月。

●検定会場
全国の主要都市で実施されているので、申し込み時に希望の地域を指定することができます。

●４級の検定時間と合格基準
検定時間は**60分**で、合格のめやすは正答率70％程度です。２００点満点のテストで、**１４０点**以上の点数を獲得できれば合格圏です。

●合否の通知
検定日から約30日前後で、受検者全員に検定結果通知と、合格者には合格証書・合格証明書が郵送されます。また、約25日後にはインターネットで、合否結果を確認することもできます。

●問い合わせ先
公益財団法人　日本漢字能力検定協会
〈ホームページ〉
http://www.kanken.or.jp/
（本部）
〒６０５-００７４
京都市東山区祇園町南側５５１番地
TEL（０７５）７５７-８６００
FAX（０７５）５３２-１１１０
（東京事務局）
〒１００-０００４
東京都千代田区大手町２-１-１大手町野村ビル
TEL（０３）５２０５-０３３３
FAX（０３）５２０５-０３３１

第1日 (1)

読み

時間15分 合格35

得点 1回目 /50 2回目 /50

● 次の――線の読みをひらがなで記せ。

1 予算の範囲内でまかなうべきだ。
2 抗議の電話が鳴りやまない。
3 沈殿した物質を調べる。
4 合成樹脂でできた容器に入れる。
5 薪炭は燃料として使用してきた。
6 時代に即応した教育を進める。
7 軽薄な行動は慎もう。
8 母校は優れた人材を輩出した。
9 彼に釈明の場を与えよう。
10 しっかり黙読して暗記する。
11 晴れがましい席で威儀を正す。
12 羽毛布団をかけて寝ている。
13 静寂に包まれた境内を歩く。
14 余暇は何をして過ごしますか。
15 今日は旧暦では正月にあたる。
16 世の中を風刺する漫画を描く。
17 箇条書きで論点をまとめる。
18 明治政府は殖産興業を展開した。
19 淡泊な味の料理を食べる。
20 どうぞこちらでご歓談ください。
21 犯人はそのまま逃走した。
22 散髪して頭がすっきりした。

解答

1 はんい
2 こうぎ
3 ちんでん
4 じゅし
5 しんたん
6 そくおう
7 けいはく
8 はいしゅつ
9 しゃくめい
10 もくどく
11 いぎ
12 うもう
13 せいじゃく
14 よか
15 きゅうれき
16 ふうし
17 かじょう
18 しょくさん
19 たんぱく
20 かんだん
21 とうそう
22 さんぱつ

23 大学で近代文学を**専攻**する。
24 私は毎朝六時に**起床**する。
25 野球界の**殿堂**入りを果たす。
26 事実が**誇張**されて伝わる。
27 **平凡**で退屈な人生を送る。
28 顕《けん》微鏡で**微生物**を観察する。
29 **憶測**でものを言ってはいけない。
30 **奴隷**のようにこきつかわれる。
31 **近隣**の家々にもお知らせしよう。
32 遠くで**春雷**が鳴っている。
33 決勝まで進出できれば**本望**だ。
34 彼女は私が師と**仰**ぐ人だ。
35 妹は**涙声**で電話をかけてきた。
36 流行**後**れのファッションだ。

37 君が友人であることは**誇**りだ。
38 りんごを大きな**器**に入れて盛る。
39 間一髪で難を**逃**れた。
40 時々自身を**省**みることが重要だ。
41 **朝露**に濡《ぬ》れた草花を摘む。
42 **忙**しくて遊ぶ時間がない。
43 **叫**び声はあの家から聞こえた。
44 発車を知らせるベルが鳴り**響**く。
45 積極的に**攻**めることが大切だ。
46 一家でみかん**狩**りに出かける。
47 **頼**んだ用事はもう済ませたかい。
48 **詳**しいことは彼に聞いてほしい。
49 ようやく**恵**みの雨が降ってきた。
50 旅行の**支度**を早々と済ませる。

---

23 せんこう
24 きしょう
25 でんどう
26 こちょう
27 へいぼん
28 びせいぶつ
29 おくそく
30 どれい
31 きんりん
32 しゅんらい
33 ほんもう
34 あお
35 なみだごえ
36 おく

37 ほこ
38 うつわ
39 のが
40 かえり
41 あさつゆ
42 いそが
43 さけ
44 ひび
45 せ
46 が
47 たの
48 くわ
49 めぐ
50 したく

第1日(2)

同音・同訓異字、四字熟語

時間20分　合格26

得点　1回目　/36　2回目　/36

● 次の――線のカタカナにあてはまる漢字をそれぞれのア～オから一つ選び、記号で答えよ。

1 イ勢のいいかけ声でみこしが動く。
2 この仕事は彼にイ頼しよう。
3 君のその行イはだれにも認められない。
（ア委　イ依　ウ意　エ威　オ為）

4 彼がその任をオうことになった。
5 あなたを市長にオす声が高い。
6 ここに社長印をオしてください。
（ア雄　イ推　ウ負　エ押　オ追）

7 この問題にはカイ入しないでくれ。
8 昨日は徹夜で警カイにあたった。
9 地震による倒カイのおそれがある。
（ア戒　イ快　ウ改　エ介　オ壊）

10 不況のため辞職をカン告される。
11 夕食会で和やかなカン談が続く。
12 もはやこれまでとカン念する。
（ア勧　イ観　ウ感　エ乾　オ歓）

13 神社で高校合格をキ願する。
14 キ上に置いた辞書で勉強しよう。
15 彼の指キによって楽団が演奏する。
（ア期　イ祈　ウ揮　エ机　オ輝）

16 九連覇《ぱ》の快キョをなし遂《と》げる。
17 ここから駅までのキョ離を測る。
18 犯人によってビルが占キョされる。
（ア拠　イ距　ウ居　エ許　オ挙）

解答

1 エ　2 イ　3 オ
4 ウ　5 イ　6 エ
7 エ　8 ア　9 オ
10 ア　11 オ　12 イ
13 イ　14 エ　15 ウ
16 オ　17 イ　18 ア

● 文中の四字熟語の——線のカタカナを漢字に直せ。

□ 1 アク事千里を走る。
□ 2 意志ケン固に方針をつらぬく。
□ 3 強盗一味を一網打ジンにする。
□ 4 祖父の病状は一進一タイだ。
□ 5 温コ知新の心で歴史を学ぶ。
□ 6 起ショウ転結の整った論文だ。
□ 7 空前ゼツ後の大事件だ。
□ 8 山シ水明の地を訪れる。
□ 9 我に七ナン八苦を与えよ。
□ 10 本社は信賞必バツの方針だ。
□ 11 タン刀直入に聞くつもりだ。
□ 12 適ザイ適所の人事異動だ。
□ 13 ハク学多才で知られている。
□ 14 彼は不ゲン実行の人間だ。
□ 15 本末転トウした考えだ。
□ 16 名所旧セキを訪ねる旅。
□ 17 優柔不ダンな性格を直したい。
□ 18 彼は理ロ整然と話す。

解答

1 悪事千里《あくじせんり》 悪い噂《うわさ》や評判はすぐ知れ渡ること。
2 意志堅固《いしけんご》 意志が固くしっかりしていること。
3 一網打尽《いちもうだじん》 一味の者を一度に捕らえること。
4 一進一退《いっしんいったい》 良くなったり悪くなったりすること。
5 温故知新《おんこちしん》 昔の事から新しい見解を得ること。
6 起承転結《きしょうてんけつ》 文章の構成や物事の順序。
7 空前絶後《くうぜんぜつご》 きわめて珍しいこと。
8 山紫水明《さんしすいめい》 山や川の景色が美しいこと。
9 七難八苦《しちなんはっく》 多くの苦難が重なること。
10 信賞必罰《しんしょうひつばつ》 賞罰を厳正にし、確実に行うこと。
11 単刀直入《たんとうちょくにゅう》 いきなり本題に入ること。
12 適材適所《てきざいてきしょ》 能力に相応《ふさわ》しい職に就かせること。
13 博学多才《はくがくたさい》 知識や才能が豊富にあること。
14 不言実行《ふげんじっこう》 黙ってなすべきことを行うこと。
15 本末転倒《ほんまつてんとう》 根本と枝葉の事を取り違えること。
16 名所旧跡《めいしょきゅうせき》 景色や古跡などで有名な場所。
17 優柔不断《ゆうじゅうふだん》 気が弱く、決断力に乏しいこと。
18 理路整然《りろせいぜん》 話などの筋道が整っているさま。

第1日(3)

書き取り

時間20分　合格35

得点　1回目　/50　2回目　/50

● 次の――線のカタカナを漢字に直せ。

1 ソウカン号は今週に出る予定だ。
2 私のキョウリは和歌山《わかやま》だ。
3 同窓会のカンジを引き受ける。
4 脱いだ服がサンランしている。
5 ピンチで強打者をケイエンした。
6 夏休みにはキセイしようと思う。
7 この真実からスイソクしてみる。
8 空気がアッシュクされている。
9 駅前でショメイ活動をする。
10 彼と私とはミッセツな関係だ。
11 身体検査でザコウを記録する。
12 チイキのお年寄りを招く。
13 結婚式はセイダイに行われた。
14 オウフクの切符《ぷ》を買って乗る。
15 ユウビン物を入れる箱を買った。
16 この案を会議でケントウする。
17 駅の売店でシュウカンシを買う。
18 ここでタイキしていてほしい。
19 彼のケツダンは正しかった。
20 周囲のヒハンを受けてもよい。
21 献《けん》身的に病人をカンゴしている。
22 トクセイのランチが自慢の店だ。

解答

1 創刊　2 郷里　3 幹事　4 散乱　5 敬遠　6 帰省　7 推測　8 圧縮　9 署名　10 密接　11 座高
12 地域　13 盛大　14 往復　15 郵便　16 検討　17 週刊誌　18 待機　19 決断　20 批判　21 看護　22 特製

23 朝の駅はコンザツしている。
24 彼はノウゼイ者である。
25 生徒をインソツして公園に行く。
26 シセイが悪いと集中できない。
27 存在の大きさをツウカンする。
28 大会の規模をシュクショウする。
29 大いにフンキして勉強する。
30 カゲキな発言は慎むべきだ。
31 ボウハン対策として照明を灯《とも》す。
32 ユタかな自然に囲まれた村だ。
33 ムズカしい問題に挑《ちょう》戦してみる。
34 テープをマいて保護した。
35 ヒタイに大粒の汗が光っている。
36 ハガネのように強い体だ。

37 この問題がトけたらすばらしい。
38 洗濯《たく》をしてシャツがチヂんだ。
39 果物をソナえて読経する。
40 そばに兄がいたのでスクわれた。
41 責任を持ってルスを預かる。
42 相手の様子のサグりを入れる。
43 もう日もクれた、早く帰ろう。
44 この薬はとてもよくキくよ。
45 彼を生徒会長にオしたのは僕《ぼく》だ。
46 ウラニワの花は満開だ。
47 雪をイタダいた山々が美しい。
48 見知らぬ人を見て犬がアバれた。
49 宿坊でショウジン料理を食べる。
50 コガネ色に染まった秋の山々。

23 混雑　24 納税　25 引率　26 姿勢　27 痛感　28 縮小　29 奮起　30 過激　31 防犯　32 豊　33 難　34 巻　35 額　36 鋼

37 解　38 縮　39 供　40 救　41 留守　42 探　43 暮　44 効　45 推　46 裏庭　47 頂　48 暴　49 精進　50 黄金

第2日(1) 読み

時間15分　合格35

得点　1回目　/50　2回目　/50

● 次の――線の読みをひらがなで記せ。

1 机上のプリントに目を通す。
2 眠気のせいで注意が散漫になる。
3 壁面いっぱいにポスターをはる。
4 あなたの御殿を訪問したい。
5 デジタルテレビが普及している。
6 慎重に判断して決定しよう。
7 含蓄のある話を皆に聞かせた。
8 彼の作品は大きな反響を呼んだ。
9 恒久平和を願って千羽鶴《づる》を折る。
10 彼の到着は少し遅くなるようだ。
11 幾多の困難をも乗り越えてきた。
12 添付した書類をご覧ください。
13 お店で生活必需品を購《こう》入した。
14 鋭意努力することを約束する。
15 玄関で急いで靴《くつ》を脱ぐ。
16 賞を取り、彼は慢心している。
17 環境破壊は大きな問題である。
18 川の水質汚濁が進んでいる。
19 弾力性のあるゴムを使った道具。
20 三か国語を駆使して話す。
21 私が率先して実行しよう。
22 農協にみかんを出荷する。

解答

1 きじょう
2 さんまん
3 へきめん
4 ごてん
5 ふきゅう
6 しんちょう
7 がんちく
8 はんきょう
9 こうきゅう
10 とうちゃく
11 いくた
12 てんぷ
13 ひつじゅひん
14 えいい
15 げんかん
16 まんしん
17 はかい
18 おだく
19 だんりょく
20 くし
21 そっせん
22 しゅっか

23 いくつかの**河川**が町を流れる。
24 **生鮮**食品はいつもこの店で買う。
25 **斜線**部は記入の必要がない。
26 思わず胸中を**吐露**する。
27 刑《けい》事として**凶悪**事件を担当する。
28 あれ以来彼は**沈黙**を守っている。
29 彼らの情熱に**触発**される。
30 政権交代して**与党**が野党となる。
31 私の家族を**紹介**しよう。
32 彼は**模範**少年として表彰《しょう》された。
33 **扇子**を使って涼《りょう》をとる。
34 **鮮**やかな色の洋服を着る。
35 このビルは日本一の高さを**誇**る。
36 工場から出る**煙**が南に流される。
37 赤ん坊が**腕**の中ですやすや眠る。
38 彼の家の**軒先**で雨宿りをする。
39 車で行くのは**避**けたほうがいい。
40 友人の**悩**みを親身になって聞く。
41 遊ぶ**暇**もないほど、忙しい。
42 ススキ**刈**りが行われる。
43 どうぞよろしくお願い**致**します。
44 独身者が八割を**占**める職場だ。
45 **厳**かな雰《ふん》囲気の式典に臨む。
46 **頼**もしい兄の存在がうれしい。
47 **香**り高いコーヒーを飲む。
48 寄り**添**う姿はほほえましい。
49 名所旧跡を**巡**って旅を続ける。
50 **梅雨空**の間から太陽が顔を出す。

---

23 かせん
24 せいせん
25 しゃせん
26 とろ
27 きょうあく
28 ちんもく
29 しょくはつ
30 よとう
31 しょうかい
32 もはん
33 せんす
34 あざ
35 ほこ
36 けむり
37 うで
38 のきさき
39 さ
40 なや
41 ひま
42 か
43 いた
44 し
45 おごそ
46 たの
47 かお
48 そ
49 めぐ
50 つゆぞら

第2日 (2)

漢字識別、誤字訂正

時間20分　合格23

得点　1回目　/32　2回目　/32

● 次の1～5の三つの□に共通する漢字を入れて熟語を作れ。漢字は下のア～コから一つ選び、記号で答えよ。

(1)

1 舞□・□子・□型
2 □視・□明・浸□
3 奇□・□技・微□
4 淡□・外□・宿□
5 □合・歓□・送□

ア 泊　イ 妙　ウ 反　エ 白　オ 扇　カ 特　キ 都　ク 水　ケ 迎　コ 透

(2)

1 □破・□襲・雑□
2 □定・□識・図□
3 変□・□新・□衣室
4 □心・□食・□敗
5 □賛・愛□・敬□

ア 更　イ 踏　ウ 向　エ 灯　オ 鑑　カ 証　キ 称　ク 普　ケ 観　コ 腐

(3)

1 波□・指□・□章
2 □角・相□・交□
3 □動・強□・□源地
4 解□・講□・□然
5 □米・□来・過□期

ア 心　イ 御　ウ 紋　エ 釈　オ 文　カ 渡　キ 尺　ク 互　ケ 震　コ 途

(4)

1 規□・広□・□囲
2 結□・□出・□骨
3 風□・□悪・低□
4 □迎・□声・□待
5 □設・□物・屋□

ア 露　イ 敷　ウ 識　エ 俗　オ 観　カ 判　キ 歓　ク 路　ケ 族　コ 範

解答

(1) 1 オ　2 コ　3 イ　4 ア　5 ケ
(2) 1 イ　2 オ　3 ア　4 コ　5 キ
(3) 1 ウ　2 ク　3 ケ　4 エ　5 カ
(4) 1 コ　2 ア　3 エ　4 キ　5 イ

● 次の各文にまちがって使われている同じ読みの漢字が一字ある。上に誤字を、下に正しい漢字を記せ。

1 巨費を投じて高貨な住宅を買いたいが、資金が不足したので断念した。

2 最後の厳しい戦いに敗れ、待望の選抜大会に出場する機回を逃した。

3 有名な仏像などを鑑賞するため、拝歓料を支払って古都の寺院を巡った。

4 社の機密事項を記載した書類の保官場所に留意するよう指示した。

5 国の補助金が獲得できる見通しが立ち、大基模な公共事業に着手した。

6 被災地の給護活動に派遣された隊員は、民衆とともに復興に尽力した。

7 変革期における公共団体の対応として、的を居た発言だと賞賛された。

8 植物郡落として、希少性や分布状況などすべてに優れている。

9 捕手は投手の意向を確認した上で強打者を経遠し、次の打者と勝負した。

10 母は保検会社に勤務しながら、漫画家として月刊誌に投稿している。

11 班長は集合後に点故を行い、担任にその都度報告する義務がある。

12 渡行手続き上の過失があると、留学が延期になる事態も想定される。

解答

1 貨・価　2 回・会　3 歓・観　4 官・管　5 基・規　6 給・救　7 居・射　8 郡・群　9 経・敬　10 検・険　11 故・呼　12 行・航

第2日 (3)

書き取り

時間20分　合格35

得点　1回目　/50　2回目　/50

● 次の――線のカタカナを漢字に直せ。

1 あの子はコンジョウがある。
2 ショウタイ客は全員出席した。
3 会館に作品をテンジする。
4 一足先にシッケイするよ。
5 父がショモウしていた品が届く。
6 テッコウ産業の将来が気になる。
7 学生同士で論文をヒヒョウする。
8 深コキュウをして一休みする。
9 タイグンのスズメバチが襲った。
10 手術のケイカは良好である。
11 シカイがぼやけて運転しにくい。
12 ミンシュウが立ち上がる時だ。
13 彼は私の命のオンジンだ。
14 シュウキョウ上牛肉を食べない。
15 自分の身のケッパクを訴えた。
16 ホウフな資源を活用した商売だ。
17 この文章をジュクドクしなさい。
18 ウチュウを旅してみたい。
19 機械のソウサを誤った。
20 問題点をレッキョして考察する。
21 明日宿題をテイシュツしなさい。
22 キソク正しい生活を送るべきだ。

解答

1 根性　2 招待　3 展示　4 失敬　5 所望　6 鉄鋼　7 批評　8 呼吸　9 大群　10 経過　11 視界

12 民衆　13 恩人　14 宗教　15 潔白　16 豊富　17 熟読　18 宇宙　19 操作　20 列挙　21 提出　22 規則

23 ズツウがして体がだるい。
24 家族のアンピを尋ねる電話。
25 彼はドクゼツ家で知られている。
26 予防チュウシャをしておく。
27 この地域はオンダンな気候だ。
28 ブンタンして校内を掃《そう》除する。
29 セイフの要人が来日するらしい。
30 法案は無事カケツされた。
31 ユソウトラックが行き交う道路。
32 ソウキュウに対応をしなさい。
33 コウカがてきめんに現れた。
34 ムネに秘めた思いを打ち明ける。
35 彼のユメは飛行士になることだ。
36 ヒロった千円札を交番に届ける。

37 新時代のマクアけを祝う。
38 学校にある木の高さをハカる。
39 ケワしい山道を一歩一歩登る。
40 チノみ子を抱えて買い物に行く。
41 上司の命令にはソムくな。
42 彼は心をトざして何も話さない。
43 今年もスグれた人材が入社する。
44 カキの実がウれて収穫《かく》の時がきた。
45 彼女はキクバりのできる人だ。
46 みんなで彼をササえていこう。
47 私がオトズれたのは先月だ。
48 兄は鮮魚店をイトナむ。
49 父はハイの病気で休んでいる。
50 アマダれの音が聞こえてくる。

23 頭痛
24 安否
25 毒舌
26 注射
27 温暖
28 分担
29 政府
30 可決
31 輸送
32 早急
33 効果
34 胸
35 夢
36 拾

37 幕開
38 測
39 険
40 乳飲
41 背
42 閉
43 優
44 熟
45 気配
46 支
47 訪
48 営
49 肺
50 雨垂

第3日 (1)

読み

時間15分
合格35

得点
1回目 /50
2回目 /50

● 次の——線の読みをひらがなで記せ。

1 突然の雷雨のため外出できない。
2 我が国屈指の名勝だ。
3 過ぎ去った日々を追憶する。
4 世間には広く浸透している。
5 歴史に汚点を残す出来事だ。
6 だんだんと皆に波及していく。
7 大きな声で士気を鼓舞する。
8 不朽の名作をじっくりと読む。
9 行儀よく並んで待つ。
10 別途料金が必要となる。
11 彼は健脚を自慢にしている。
12 鑑定書付きの宝石を購《こう》入する。
13 どうやら鈍感な人間のようだ。
14 山海の珍味がそろう。
15 障害のある人の支援を優先する。
16 姉は容姿がとても端麗である。
17 あなたには到底かなわない。
18 事故の影響で列車が遅れる。
19 朱肉を使って印を押す。
20 彼は一国を征服した人物だ。
21 社長が犯人だという証拠はない。
22 彼は明治期に活躍した詩人だ。

解答

1 らいう
2 くっし
3 ついおく
4 しんとう
5 おてん
6 はきゅう
7 こぶ
8 ふきゅう
9 ぎょうぎ
10 べっと
11 けんきゃく
12 かんてい
13 どんかん
14 ちんみ
15 しえん
16 たんれい
17 とうてい
18 えいきょう
19 しゅにく
20 せいふく
21 しょうこ
22 かつやく

23 彼は政界では**異彩**を放つ存在だ。
24 **耐火**金庫はかなり安全性が高い。
25 **攻撃**側に有利な試合展開だ。
26 彼は刑《けい》事事件で**起訴**された。
27 **脈絡**のない話を延々とする。
28 君は**天賦**の才能を持っている。
29 **斜面**をごろごろと転がっていく。
30 軽快な**筆致**で絵を描く。
31 今回は**処罰**を受けて当然だ。
32 山林に**薬剤**を散布する。
33 青年の**前途**は約束されている。
34 **大海原**を船に乗って旅したい。
35 転んだ**拍子**に足を負傷する。
36 部屋中にばらの花が**香**る。

37 泣く子も**黙**るほどの恐ろしさだ。
38 **軒下**につるした大根をもらった。
39 クラブの**握**り方を教えてもらう。
40 荷物を運ぶために荷車を**押**す。
41 優勝した力士は郷土の**誉**れだ。
42 ピンを**刺**してポスターをとめる。
43 海辺で**珍**しい貝がらを拾う。
44 **枯**れたように見えるが大丈夫だ。
45 青息**吐息**の状態で生活している。
46 **濃**いお茶を飲むと眠れない。
47 **素足**で床の上を歩く。
48 一言**添**えて贈り物を届ける。
49 **田舎**暮らしはとても快適だ。
50 **小豆**がゆは祖母の好物だ。

---

23 いさい
24 たいか
25 こうげき
26 きそ
27 みゃくらく
28 てんぷ
29 しゃめん
30 ひっち
31 しょばつ
32 やくざい
33 ぜんと
34 うなばら
35 ひょうし
36 かお

37 だま
38 のきした
39 にぎ
40 お
41 ほま
42 さ
43 めずら
44 か
45 といき
46 こ
47 すあし
48 そ
49 いなか
50 あずき

第3日 (2)

部首、対義語・類義語

時間20分
合格26
得点
1回目 /36
2回目 /36

● 次の漢字の部首をア～エから一つ選び、記号で答えよ。

1 窓（ア 宀 イ ム ウ 穴 エ 心）
2 尾（ア 尸 イ 毛 ウ し エ ノ）
3 術（ア 彳 イ 行 ウ 木 エ 丶）
4 載（ア 土 イ 戈 ウ 丶 エ 車）
5 裁（ア 土 イ 戈 ウ 丶 エ 衣）
6 尋（ア ヨ イ 寸 ウ エ エ 口）
7 墓（ア 艹 イ 日 ウ 一 エ 土）
8 腐（ア 广 イ 付 ウ 肉 エ 冂）
9 敬（ア 艹 イ 口 ウ 勹 エ 攵）

10 豪（ア 亠 イ 口 ウ 冖 エ 豕）
11 殿（ア 尸 イ 殳 ウ 几 エ 又）
12 継（ア 糸 イ 幺 ウ 米 エ 木）
13 孝（ア 土 イ 耂 ウ ノ エ 子）
14 辞（ア ノ イ 舌 ウ 辛 エ 立）
15 詰（ア 言 イ 士 ウ 口 エ 十）
16 乗（ア ノ イ 木 ウ 十 エ 一）
17 劇（ア 虍 イ 豕 ウ 亅 エ 刂）
18 賦（ア 貝 イ 二 ウ 止 エ 弋）

解答

1	2	3	4	5	6	7	8	9
ウ	ア	イ	エ	エ	イ	エ	ウ	エ

10	11	12	13	14	15	16	17	18
エ	イ	ア	エ	ウ	ア	ア	エ	ア

● 後の［　］内のひらがなを漢字に直して□に入れ、対義語・類義語を作れ。［　］内のひらがなは一度だけ使い、一字記せ。

対義語

1 確信 ― 憶□
2 希薄 ― 濃□
3 高雅 ― □俗
4 地味 ― □手
5 徴収 ― □入
6 破壊 ― □設
7 返却 ― □用
8 冷却 ― 加□
9 正統 ― □端

類義語

10 縁者 ― 親□
11 及第 ― □格
12 健闘 ― □戦
13 最初 ― 冒□
14 手腕 ― □量
15 沈着 ― 冷□
16 同感 ― 共□
17 備蓄 ― □蔵
18 本気 ― □剣

［い・ぎ・けん・ごう・しゃく・しん・せい・ぜん・そく・ちょ・てい・とう・ねつ・のう・は・みつ・めい・るい］

解答

1 測　2 密　3 低　4 派　5 納　6 建　7 借　8 熱　9 異
10 類　11 合　12 善　13 頭　14 技　15 静　16 鳴　17 貯　18 真

第3日 (3)

書き取り

時間20分
合格35

得点
1回目 /50
2回目 /50

●次の――線のカタカナを漢字に直せ。

1 セイミツ機械工業が発展する。
2 先生のキョカをもらっている。
3 ロウドクの練習をみんなでする。
4 ラジコンをソウジュウする。
5 遠足のしおりをサッシにする。
6 彼はズノウの優れた人物だ。
7 この問題はジュウシするべきだ。
8 地域のカンシュウに従う。
9 遠く離れたコキョウが懐《なつ》かしい。
10 コンナンにくじけず立ち向かう。
11 背後に人のケハイがする。
12 災害タイサクは万全にしなさい。
13 シュクフクを受けて結婚した。
14 仕事が多くてキタクが遅くなる。
15 楽団のシキは彼が務める。
16 ケイカンが逃げる犯人を追った。
17 ドクソウ的な絵画を描く画家。
18 ヘヤの片隅《すみ》に一輪の花を飾る。
19 カコウにはたくさんの船が並ぶ。
20 先生が家庭ホウモンに来る時刻だ。
21 競争相手をチュウショウする。
22 地域にデンショウする踊りだ。

解答

1 精密
2 許可
3 朗読
4 操縦
5 冊子
6 頭脳
7 重視
8 慣習
9 故郷
10 困難
11 気配
12 対策
13 祝福
14 帰宅
15 指揮
16 警官
17 独創
18 部屋
19 河口
20 訪問
21 中傷
22 伝承

23 好評でもウチョウテンになるな。
24 無理をショウチで頼んでいる。
25 キリツ正しい生活を心がけよう。
26 テキトウな言葉が見つからない。
27 仕事のジッセキを評価する。
28 映画のコウギョウは成功を収めた。
29 これは当方でショリします。
30 子どもがムチュウになって遊ぶ。
31 食後にイがもたれて薬を飲む。
32 この話は互いにヒミツにしよう。
33 地名のユライを調べる。
34 ヨクバって採ってはいけない。
35 君の目はフシアナなのか。
36 カラスが肉片にムラがっている。

37 海外の兄から絵はがきがトドく。
38 攻撃力は相手チームにマサる。
39 白い布を青くソめて旗を作る。
40 ハゲしい選挙戦の末惜《せき》敗した。
41 刺しゅうで鶴《つる》をオり込んだ着物。
42 彼は医療関係の職にツいた。
43 信頼をなくしたのはイナめない。
44 ツクエに向かって勉強する。
45 桜のエダを折ってはいけない。
46 スジガき通りに事が運ぶ。
47 今退出してもサしツカえない。
48 思い出を心にキザんで出発した。
49 きれいな毛糸でアみ物をする。
50 ハイイロの空から雪が降る。

23 有頂天
24 承知
25 規律
26 適当
27 実績
28 興行
29 処理
30 夢中
31 胃
32 秘密
33 由来
34 欲張
35 節穴
36 群

37 届
38 勝
39 染
40 激
41 織
42 就
43 否
44 机
45 枝
46 筋書
47 差(し)支
48 刻
49 編
50 灰色

第4日 (1)

読み

時間 15分
合格 35

得点
1回目 /50
2回目 /50

● 次の——線の読みをひらがなで記せ。

1 みんなで知恵を絞《しぼ》って考える。
2 明日は雌雄を決する試合がある。
3 実力では相手チームに匹敵する。
4 彼は鋭敏な頭脳の持ち主だ。
5 技術進歩に拍車をかける成果だ。
6 剣豪と呼ばれる先生の弟子だ。
7 神妙な顔つきで出迎える。
8 唐突な質問にうろたえた。
9 四輪駆動の車でドライブする。
10 先般の会合で話題になった。
11 敵を完膚なきまでにやっつける。
12 成績が上位に躍進する。
13 図書室に本を寄贈する。
14 ついに妙案がひらめいた。
15 容疑者に余罪を追及する。
16 国家の浮沈にかかわる一大事だ。
17 確かな根拠を示して証明する。
18 ひざのあたりに鈍痛がある。
19 過渡期の混乱もやっと治まった。
20 同じ単語を重ねると畳語になる。
21 あざやかな色彩の制服を着る。
22 いつまでも健康を維持したい。

解答

1 ちえ
2 しゆう
3 ひってき
4 えいびん
5 はくしゃ
6 けんごう
7 しんみょう
8 とうとつ
9 くどう
10 せんぱん
11 かんぷ
12 やくしん
13 きぞう（きそう）
14 みょうあん
15 ついきゅう
16 ふちん
17 こんきょ
18 どんつう
19 かとき
20 じょうご
21 しきさい
22 いじ

23 人間は自然の恩恵を受けている。
24 首尾よく手はずが整った。
25 宇宙船が大気圏に突入する。
26 今年はどうやら凶作のようだ。
27 諸般の事情により中止する。
28 そびえ立つ高層ビルを仰視する。
29 交通センターで免《めん》許を更新する。
30 店舗を広げて営業する。
31 展覧会後、作品を搬出する。
32 トラックに荷物を積載する。
33 欄外には記入しないでください。
34 運動するとたくさん汗をかく。
35 彼は語学力に優れている。
36 今ごろ来てももう遅い。

37 作業の合理化を図る。
38 ひしゃくの柄が折れてしまった。
39 新しい包丁の切れ味を試す。
40 食い逃げの犯人を捕まえる。
41 稲刈りの終わった田が見える。
42 乾いた洗濯《たく》物をたたむ。
43 谷川の透きとおった水を飲む。
44 荷物を抱えて出かける。
45 優勝投手を胴上げする。
46 ふるさとを恋しく思う。
47 上司の命令に背いてはいけない。
48 隣村へ通じるトンネルを掘る。
49 木綿のハンカチを持っている。
50 天候も良く、行楽日和だ。

23 おんけい
24 しゅび
25 たいきけん
26 きょうさく
27 しょはん
28 ぎょうし
29 こうしん
30 てんぽ
31 はんしゅつ
32 せきさい
33 らんがい
34 あせ
35 すぐ
36 おそ

37 はか
38 え
39 ため
40 に
41 いねか
42 かわ
43 す
44 かか
45 どうあ
46 こい
47 そむ
48 ほ
49 もめん
50 びより

第4日 (2)

熟語の構成、漢字と送りがな

時間20分
合格28

得点
1回目 /40
2回目 /40

● 熟語の構成のしかたには次のようなものがある。

ア　同じような意味の漢字を重ねたもの　(岩石)
イ　反対または対応の意味を表す字を重ねたもの　(高低)
ウ　上の字が下の字を修飾しているもの　(洋画)
エ　下の字が上の字の目的語・補語になっているもの　(着席)
オ　上の字が下の字の意味を打ち消しているもの　(非常)

次の熟語は右のア～オのどれにあたるか、一つ選び、記号で答えよ。

1 離脱
2 遠征
3 興亡
4 未熟
5 越権
6 恩恵
7 瞬間
8 離陸
9 無恥
10 恒久
11 断続
12 淡彩
13 思慮
14 更衣
15 因果

解答
1 ア
2 ウ
3 イ
4 オ
5 エ
6 ア
7 ウ
8 エ
9 オ
10 ア
11 イ
12 ウ
13 ア
14 エ
15 イ

● 次の――線のカタカナを漢字一字と送りがな（ひらがな）に直せ。

〈例〉 問題にコタエル。 答える

1 事件の詳細がアキラカになった。
2 保育所に子どもをアズケル。
3 明日の天候がアヤブマれる。
4 先生からみやげをイタダイた。
5 栄養をオギナウ必要がある。
6 公園で友人たちがカタラウ。
7 彼とは考えがコトナル。
8 お湯をサマシて飲みなさい。
9 今年で社長職をシリゾイた。
10 休日は海辺でスゴシます。
11 着物をソメル技術を持っている。
12 議長が会議の終了をツゲル。
13 山脈が南北にツラナッている。
14 早く仕事にナレルことが大事だ。
15 キツネにバカサレた気持ちだ。
16 いつハテルともない戦いだ。
17 自分の考えは最後までマゲルな。
18 他国とのマジワリを避けた。
19 これは大変ヤサシイ問題だ。
20 いつしかヤスラカナ眠りにつく。
21 車にオサナイ子が乗っている。
22 私腹をコヤスまねはするな。
23 神様から子どもをサズカッた。
24 二人の差が急にチヂマッた。
25 今日は友人を自宅にマネク日だ。

解答

1 明らか
2 預ける
3 危ぶま
4 頂い
5 補う
6 語らう
7 異なる
8 冷まし
9 退い
10 過ごし
11 染める
12 告げる
13 連なっ
14 慣れる
15 化かされ
16 果てる
17 曲げる
18 交わり
19 易しい
20 安らかな
21 幼い
22 肥やす
23 授かっ
24 縮まっ
25 招く

第4日(3) 書き取り

時間20分 合格35

得点 1回目 /50 2回目 /50

● 次の――線のカタカナを漢字に直せ。

1 遠足にかかるヒヨウを集める。
2 キチョウな意見をありがとう。
3 東大寺のハイカン料を納める。
4 ゲンカクな父は許さなかった。
5 水がジョウハツして塩が残った。
6 朝夕のカンダンの差が激しい。
7 主君にチュウセイを誓《ちか》う。
8 駅前のコンビニでザッシを買う。
9 ドゾウの中で子どもたちが遊ぶ。
10 アツリョクがまでご飯を炊《た》く。
11 彼はシテツ沿線に住んでいる。
12 手術後のケイカは良好である。
13 シキュウ、自宅へ連絡しなさい。
14 政権交代で政治カイカクが進む。
15 飲食関係の仕事にジュウジした。
16 このテイドなら妹でもできる。
17 コンメイする社会で生きていく。
18 エネルギーをホキュウした。
19 セイリョク範囲が非常に狭い。
20 子どものジンカク形成に役立つ。
21 コクサイ会議が開かれる。
22 少年よ、タイシを抱け。

解答

1 費用	2 貴重	3 拝観	4 厳格	5 蒸発	6 寒暖	7 忠誠	8 雑誌	9 土蔵	10 圧力	11 私鉄
12 経過	13 至急	14 改革	15 従事	16 程度	17 混迷	18 補給	19 勢力	20 人格	21 国際	22 大志

23 この歌のカシを早く覚えたい。
24 カエルにとって蛇《へび》はテンテキだ。
25 教科書のズハンを見て考える。
26 実験で仮説をケンショウする。
27 ジュクレンした技術者が扱う。
28 今年はキロク的な大雨が続いた。
29 ヨウイに解決がつく問題でない。
30 借金のヘンサイを迫られる。
31 ゾウショが六千冊を超《こ》えた。
32 会議の発言をロクオンしておく。
33 ムヨクの勝利で決勝戦に進む。
34 ハタを振って綱《つな》引きを応援する。
35 まずココロガマえをしなさい。
36 兄の家では犬を二匹カっている。

37 だれでもいつかはオいていく。
38 前途ある若者が学校をスダつ。
39 学期のフシメに終業式がある。
40 アヤういところを助けられた。
41 ヨケイなことは言わなくていい。
42 キズ口から血が吹き出てくる。
43 異議をトナえて慎重に議論する。
44 我が子をサズかってうれしい。
45 彼の意見は的をイた内容だ。
46 彼の話にメガシラが熱くなる。
47 心理学への興味がマす。
48 あなたと彼とは他人のソラニだ。
49 ウミベでカメが産卵した。
50 コキザみに体が震えている。

23 歌詞　24 天敵　25 図版　26 検証　27 熟練　28 記録　29 容易　30 返済　31 蔵書　32 録音　33 無欲　34 旗　35 心構　36 飼

37 老　38 巣立　39 節目　40 危　41 余計　42 傷　43 唱　44 授　45 射　46 目頭　47 増　48 空似　49 海辺　50 小刻

第5日（1） 読み

時間15分 合格35

得点 1回目 /50 2回目 /50

● 次の――線の読みをひらがなで記せ。

1 彼はすっかり英雄気取りだ。
2 大学で民俗学を学ぶ。
3 事件のことは鮮明に覚えている。
4 事故を起こしたのは盗難車だ。
5 乾杯の合図で酒をくみ交わす。
6 珍しい植物が繁殖している。
7 彼はその問題に苦悩している。
8 道路工事が三か月遅延している。
9 妹の婚礼に出席する。
10 我々はそろそろ退却しよう。
11 休まず登校し皆勤賞をいただく。
12 恒星は自ら光を発する天体だ。
13 傍観者の立場から意見を言う。
14 彼は国民栄誉賞を与えられた。
15 暑さで食べ物が腐敗する。
16 裁判官が証人に尋問する。
17 意見が合わず集団から離脱する。
18 卒業証書を授与する式典がある。
19 投影法を使って図形を仕上げる。
20 旬の食材を使って料理を作る。
21 賃金の格差を是正する。
22 威勢のいいかけ声が聞こえる。

解答

1 えいゆう
2 みんぞく
3 せんめい
4 とうなん
5 かんぱい
6 はんしょく
7 くのう
8 ちえん
9 こんれい
10 たいきゃく
11 かいきん
12 こうせい
13 ぼうかん
14 えいよ
15 ふはい
16 じんもん
17 りだつ
18 じゅよ
19 とうえい
20 しゅん
21 ぜせい
22 いせい

□ 23 あなたのご多幸を祈念します。
□ 24 そうすることには抵抗を感じる。
□ 25 環境問題を解決していこう。
□ 26 ふとんの上に白い敷布をしく。
□ 27 昨日から曇天が続いている。
□ 28 スケジュールを変更して行う。
□ 29 アイロンで皮膚にやけどをする。
□ 30 序盤から苦戦続きの試合だった。
□ 31 彼女は将来獣医になるのが夢だ。
□ 32 躍起になって原案に反対した。
□ 33 橋の欄干から身を乗り出す。
□ 34 飼っているネコにえさを与える。
□ 35 子を授かった幸せを感じる。
□ 36 新聞に記事を載せる。
□ 37 幼児がお絵描きをしている。
□ 38 盆踊りは今晩公園で行われる。
□ 39 祖父の病状は峠を越えたらしい。
□ 40 空に星が輝いている。
□ 41 お茶を濁してその場を去る。
□ 42 家族が元気でいるように祈る。
□ 43 寂れた町の再建を目指す。
□ 44 我が家のペットは雄の秋田犬だ。
□ 45 頼りになるのは君しかいない。
□ 46 農作物が台風の害を被る。
□ 47 先例に鑑みて行動する。
□ 48 火山が溶岩を噴き出す。
□ 49 甘い桃を割って二人で食べる。
□ 50 支払料金を為替で送る。

---

23 きねん
24 ていこう
25 かんきょう
26 しきふ
27 どんてん
28 へんこう
29 ひふ
30 じょばん
31 じゅうい
32 やっき
33 らんかん
34 あた
35 さず
36 の
37 か
38 ぼんおど
39 とうげ
40 かがや
41 にご
42 いの
43 さび
44 おす
45 たよ
46 こうむ
47 かんが
48 ふ
49 もも
50 かわせ

第1日 第2日 第3日 第4日 第5日 第6日 第7日 第8日 第9日 第10日 第11日 第12日 第13日 第14日

第5日 (2)

同音・同訓異字、四字熟語

時間 20分
合格 26

得点
1回目　/36
2回目　/36

● 次の――線のカタカナにあてはまる漢字をそれぞれのア～オから一つ選び、記号で答えよ。

1 深刻な影キョウを及ぼすだろう。
2 最新の医療技術にはキョウ嘆する。
3 野球の実キョウ中継が楽しみだ。
（ア教　イ響　ウ況　エ驚　オ境）

4 自分の主張をケン持してゆるがない。
5 彼は理事と所長をケン務している。
6 隣国に大使を派ケンする。
（ア堅　イ遣　ウ権　エ兼　オ検）

7 彼のコウ績による所が大きい。
8 彼女は近代文学を専コウしている。
9 抵コウなく受け入れられる。
（ア攻　イ考　ウ功　エ効　オ抗）

10 学校だよりに近況を記サイする。
11 難民を救サイするために渡航する。
12 今中止するとサイ算が合わない。
（ア最　イ採　ウ済　エ載　オ彩）

13 彼は難関を突破したシュウオだ。
14 寺のシュウ復工事が進む。
15 前会長の方針を踏シュウしたい。
（ア秀　イ衆　ウ修　エ収　オ襲）

16 審査結果についてショウ会する。
17 恋人を両親にショウ介する。
18 ショウ細については後で連絡する。
（ア詳　イ紹　ウ彰　エ照　オ招）

解答

1 イ　2 エ　3 ウ　4 ア　5 エ　6 イ　7 ウ　8 ア　9 オ

10 エ　11 ウ　12 イ　13 ア　14 ウ　15 オ　16 エ　17 イ　18 ア

● 文中の四字熟語の――線のカタカナを漢字に直せ。

1 悪センン苦闘の毎日だ。
2 意志ハク弱なのが欠点だ。
3 一ボウ千里の大草原を走る。
4 一心不ランに勉強した結果だ。
5 花チョウ風月を友とする。
6 キ想天外な計画が出された。
7 言行一チの態度が好まれる。
8 仕上がった絵を自ガ自賛する。
9 縦横無ジンな活躍が光る。
10 人跡未トウの地を探検したい。
11 多ジ多難の一年を送る。
12 天サイ地変が最近よく続く。
13 どうも彼女は八ポウ美人だ。
14 多数派にフ和雷同するな。
15 無ミ乾燥な話が長々と続く。
16 面従腹ハイの行動はやめる。
17 有名無ジツな法律を改める。
18 臨キ応変に対応してほしい。

解答

1 悪戦苦闘《あくせんくとう》　困難の中、苦しんで努力すること。
2 意志薄弱《いしはくじゃく》　意志が弱くて決断できないこと。
3 一望千里《いちぼうせんり》　広大な眺《なが》めを一目で見渡せること。
4 一心不乱《いっしんふらん》　一つのことに心を集中させるさま。
5 花鳥風月《かちょうふうげつ》　自然の美しい風物。
6 奇想天外《きそうてんがい》　思いも寄らぬほど奇抜であること。
7 言行一致《げんこういっち》　日頃《ひごろ》の主張どおりに行動すること。
8 自画自賛《じがじさん》　自分で自分のことをほめること。
9 縦横無尽《じゅうおうむじん》　物事を思う存分行うこと。
10 人跡未踏《じんせきみとう》　人が足を踏み入れていないこと。
11 多事多難《たじたなん》　多くの事件や困難があること。
12 天災地変《てんさいちへん》　自然がもたらす災害や異変。
13 八方美人《はっぽうびじん》　だれにでも如才なくふるまう人。
14 付和雷同《ふわらいどう》　他人の意見にすぐ同調すること。
15 無味乾燥《むみかんそう》　味わいやうるおいがないこと。
16 面従腹背《めんじゅうふくはい》　うわべと違い内心で反抗すること。
17 有名無実《ゆうめいむじつ》　名ばかりで実質が伴わないこと。
18 臨機応変《りんきおうへん》　時に応じて適切に対処すること。

第5日 (3) 書き取り

時間20分
合格35
得点
1回目 /50
2回目 /50

● 次の――線のカタカナを漢字に直せ。

1 地域のデントウ行事を守る。
2 曲がったことが嫌《きら》いなショウブン。
3 キンゾクの部品を取り付ける。
4 郷里がサイガイに見舞われた。
5 会長をジニンする考えを示した。
6 父のイサンを兄弟で相続する。
7 小学生タイショウの雑誌を買う。
8 スイリ小説がおもしろいと思う。
9 コウシ混同してはいけない。
10 切手をシュウシュウしている。
11 サッソク天ぷらにして食べよう。
12 黒をキチョウとした作品を描く。
13 景気がテイメイしたままだ。
14 カセンが増水し堤防が決壊する。
15 電車は六両ヘンセイで入ります。
16 シュシャ選択《たく》してください。
17 選挙でゼッセンを繰り広げた。
18 ゴクヒで話し合いを進めている。
19 チョウカンはまず祖父が読む。
20 ナイカクの一員に選ばれる。
21 シンクのばらの花を束にする。
22 私にはそんなケンゲンがない。

解答

1 伝統
2 性分
3 金属
4 災害
5 辞任
6 遺産
7 対象
8 推理
9 公私
10 収集
11 早速
12 基調
13 低迷
14 河川
15 編成
16 取捨
17 舌戦
18 極秘
19 朝刊
20 内閣
21 真(深)紅
22 権限

23 母はウモウ布団をかけて寝る。

24 シキン繰りが難しく倒産した。

25 カンチョウの海岸で貝を捕る。

26 事件のハイケイを慎重に調べる。

27 生活の中で正しいケイゴを使う。

28 やっとヒョウジュンに達した。

29 参加ソウスウを玄関に表示する。

30 アユ漁のカイキンを待ちわびる。

31 メイカクな日付が思い出せない。

32 君の提案はヨウニンしがたい。

33 思わずボケツを掘る発言をする。

34 店は休日もアけている。

35 畑をタガヤしてさつま芋を植える。

36 一代でキズいた会社を運営する。

37 メモをスてずに残しておく。

38 明日は体操服と帽子がイる。

39 隣室からハタオりの音が聞こえる。

40 マズしくても正直に生きたい。

41 オオヤケの場に出るのは苦手だ。

42 明日事件の加害者がサバかれる。

43 彼は学級委員をツトめている。

44 フタタびお会いしないだろう。

45 授乳室の利用は女性にカギる。

46 ココロザシを高く持って生きる。

47 その程度の力とはナサけない。

48 社長が部下をヨぶ声がする。

49 メザましい進歩を遂《と》げてきた。

50 迷惑をかけたことをアヤマった。

23 羽毛	24 資金	25 干潮	26 背景	27 敬語	28 標準	29 総数	30 解禁	31 明確	32 容認	33 墓穴	34 開	35 耕	36 築
37 捨	38 要	39 機織	40 貧	41 公	42 裁	43 務	44 再	45 限	46 志	47 情	48 呼	49 目覚	50 謝

第6日(1)

読み

時間15分
合格35
得点
1回目 /50
2回目 /50

● 次の——線の読みをひらがなで記せ。

1 区切りがついたら交替しよう。
2 故郷のことを鮮烈に覚えている。
3 あなたの考えは矛盾している。
4 遠くから来た客を歓迎する。
5 彼をたたえる拍手が鳴りやまない。
6 あの程度で感謝され困惑した。
7 両親の介護のために仕事を休む。
8 内需を拡大するための戦略。
9 彼は自分の考えを堅持している。
10 地震でビルが倒壊した。
11 問題は依然として未解決だ。
12 背丈は私より高そうだ。
13 砲撃から逃れた人々を助ける。
14 詳細は後で報告しよう。
15 それは法に抵触する行為だ。
16 彼の兄はとても思慮深い人だ。
17 意志薄弱な自分自身が情けない。
18 彼は仲間から信頼されている。
19 祖母は非凡な人生を送った。
20 岸壁に打ちつける波が荒々しい。
21 疲労が蓄積して寝込んだ。
22 農村での需要を喚《かん》起する。

解答

1 こうたい
2 せんれつ
3 むじゅん
4 かんげい
5 はくしゅ
6 こんわく
7 かいご
8 かくだい
9 けんじ
10 とうかい
11 いぜん
12 せたけ
13 ほうげき
14 しょうさい
15 ていしょく
16 しりょ
17 はくじゃく
18 しんらい
19 ひぼん
20 がんぺき
21 ちくせき
22 じゅよう

23 奇抜な発想で新企《き》画を考える。
24 史跡巡りのバスに乗った。
25 彼の勇敢《かん》な行動を称賛する。
26 彼女は舞踊家として知られる。
27 あまりのすばらしさに驚嘆する。
28 けが人を救急車で搬送する。
29 万葉《まんよう》の秀歌を学習する。
30 心配で頭髪が抜け落ちる。
31 勝利して優越感にひたる。
32 だれもいない午後は退屈だ。
33 最寄りの駅まで歩いて七分だ。
34 花火の取り扱いに注意する。
35 もう無理だと弱音を吐く。
36 汚い言葉づかいはやめよう。

37 満月が雲間に隠れる。
38 転勤のため、地方に引っ越す。
39 鈍く光るナイフが不気味だ。
40 私の町は昨夜台風に襲われた。
41 中身が透けて見える袋《ふくろ》に入れる。
42 賃上げを絡めて要求する。
43 彼はずっと顔を背けていた。
44 今回だけは許して遣わそう。
45 獲物を得た動物のようだった。
46 針路が東に振れた。
47 水に入れた砂糖を溶かす。
48 くじらが潮を噴いている。
49 聞きしに勝る強さだ。
50 工夫をこらして芸術品を作る。

23 きばつ
24 しせき
25 しょうさん
26 ぶよう
27 きょうたん
28 はんそう
29 しゅうか
30 とうはつ
31 ゆうえつ
32 たいくつ
33 もよ
34 あつか
35 は
36 きたな

37 かく
38 こ
39 にぶ
40 おそ
41 す
42 から
43 そむ
44 つか
45 えもの
46 ふ
47 と
48 ふ
49 まさ
50 くふう

第6日 (2)

漢字識別、誤字訂正

時間 20分　合格 23

得点　1回目 /32　2回目 /32

● 次の1～5の三つの□に共通する漢字を入れて熟語を作れ。漢字は下のア～コから一つ選び、記号で答えよ。

(1)
1 □面・傾□・□陽
2 □座・□興・□答
3 □妻・水□・□作
4 □目・奇□・足□
5 □撃・□守・専□

ア 積　イ 跡　ウ 即　エ 糖　オ 斜　カ 稲　キ 則　ク 攻　ケ 直　コ 効

(2)
1 □重・□味・□品
2 □難・回□・□雷針
3 □来・□達・周□
4 □日・額□・地□
5 □水・濃□・冷□

ア 珍　イ 甘　ウ 秘　エ 囲　オ 殻　カ 到　キ 縁　ク 淡　ケ 避　コ 端

(3)
1 □発・接□・□覚
2 □腕・機□・□感
3 □感・□才・□痛
4 □性・日□・□気
5 □害・□力・圧□

ア 陰　イ 色　ウ 敏　エ 触　オ 鋭　カ 鈍　キ 手　ク 奮　ケ 迫　コ 盟

(4)
1 □査・□修・□禁
2 □頭・円□・□営
3 □曲・童□・民□
4 状□・盛□・不□
5 □画・□然・散□

ア 審　イ 陣　ウ 謡　エ 目　オ 況　カ 眠　キ 態　ク 監　ケ 自　コ 漫

解答

(1) 1 オ　2 ウ　3 カ　4 イ　5 ク
(2) 1 ア　2 ケ　3 カ　4 キ　5 ク
(3) 1 エ　2 ウ　3 カ　4 ア　5 ケ
(4) 1 ク　2 イ　3 ウ　4 オ　5 コ

● 次の各文にまちがって使われている同じ読みの漢字が一字ある。上に誤字を、下に正しい漢字を記せ。

1 需要と供及の関係が悪化すると、消費者物価指数にも影響が生じる。

2 電気の配線作業を容易にするため、従来の半分の直経の電線を使う。

3 条約が功力を発する期日が迫っているが、国内の環境は整っていない。

4 軽率な行動を繰り返しながら反省しないとは、好顔無恥な男だ。

5 山頂は展望がきき、大平原が延々と続く圧巻な広景が眼前にあった。

6 新都市の建設を講想せよとの依頼を受け、昼夜を通して計画を練った。

7 難民を救災する活動に参加した学生が、公民館で体験談の講演をする。

8 暴風雨の被害が著しく、国の判断に基づく支急の対応を切望する。

9 来日した有名選手らの親善試合に予想を超える大観集が押し寄せた。

10 競技の運営に支傷をきたす行為には厳然たる態度で対処願いたい。

11 終戦後に捕らえられた人々は、厳冬の極地で重労働を強勢された。

12 会社は経営難から脱出できず、いまだ解決すべき問題が山績している。

解答

1 及・給
2 経・径
3 功・効
4 好・厚
5 広・光
6 講・構
7 災・済
8 支・至
9 集・衆
10 傷・障
11 勢・制
12 績・積

第6日 (3)

書き取り

時間20分
合格35

得点
1回目　/50
2回目　/50

● 次の――線のカタカナを漢字に直せ。

1 メイシンには科学的根拠がない。
2 カソウ行列で王子様になる。
3 彼は失敗をジニンしている。
4 山崩《くず》れで国道がスンダンされた。
5 直売所へトマトをシュッカする。
6 船舶免許《ばくめん》のコウシュウ会に出た。
7 コーヒーにサトウは入れない。
8 駅前でチラシをハイフする。
9 最古のケンチク物を見学する。
10 チョウヘン小説を読み切る。
11 彼はイショウを兄から借りた。
12 任意ホケンに入っておきなさい。
13 今終わらないとサイゲンがない。
14 タイセイを崩して転んだ。
15 大統領が方針をヒョウメイする。
16 粗《そ》大ごみをカイシュウする日だ。
17 日本はシゲンが乏《とぼ》しい国だ。
18 天地ソウゾウの神とあがめる。
19 明日へのテンボウが開ける。
20 彼の言動にギネンを抱く。
21 シンコクな相談を受ける。
22 ケーキをキントウに分ける。

解答

1 迷信　2 仮装　3 自認　4 寸断　5 出荷　6 講習　7 砂糖　8 配布　9 建築　10 長編　11 衣装
12 保険　13 際限　14 体勢　15 表明　16 回収　17 資源　18 創造　19 展望　20 疑念　21 深刻　22 均等

23 カンベンな道具を使って行う。
24 彼はジュウジュンな青年だ。
25 コクモツを食べて生活している。
26 経費をセツゲンして貯蓄する。
27 バスのウンチンを箱に入れる。
28 ショウライは野球選手になる。
29 彼は母校でベンゼツをふるった。
30 ケイザイ政策を進めていく。
31 彼をテキに回すと不利だ。
32 ナイゾウが飛び出るかと思った。
33 保護者のヨウボウを聞き入れる。
34 思想のダンアツが行われた。
35 それはアヤマった考え方だよ。
36 キズグチがひりひりと痛む。

37 兄弟でも性格はコトなるようだ。
38 ポプラナミキの道を散歩する。
39 許してくれとオガむように頼む。
40 雪がフる夜は冷え込みが厳しい。
41 目をサますと父はいなかった。
42 彼は商事会社にツトめている。
43 ウタガうのはよしたほうがいい。
44 子どもは地域のタカラ物である。
45 ハナゾノにバラの花が咲いた。
46 湯をサまして赤ん坊に飲ませる。
47 ここに喫《きつ》煙場所をモウけている。
48 スプーンでよくマぜて飲む。
49 ヨワネを言わない友人。
50 アいた席に座ってください。

23 簡便	24 従順	25 穀物	26 節減	27 運賃	28 将来	29 弁舌	30 経済	31 敵	32 内臓	33 要望	34 弾圧	35 誤	36 傷口
37 異	38 並木	39 拝	40 降	41 覚	42 勤	43 疑	44 宝	45 花園	46 冷	47 設	48 混	49 弱音	50 空

第7日 (1)

読み

時間 15分
合格 35

得点
1回目 /50
2回目 /50

● 次の——線の読みをひらがなで記せ。

1 光沢のある布で洋服を作る。
2 雑用に忙殺される毎日だ。
3 あまりのことに仰天する。
4 これは耐久性に優れた道具だ。
5 遊園地で絶叫マシンに乗る。
6 父親の怒りが爆発する。
7 相手の甘言に乗ってしまう。
8 明日、新製品が入荷する予定だ。
9 石油の採掘権を持っている。
10 兄は吹奏楽部に入部している。
11 一瞬、目を疑う出来事だった。
12 火山が噴煙を上げ始めた。
13 作品を搬入して展覧会に備える。
14 召集令状で兵隊が集められた。
15 現実から逃避しても無駄《だ》だ。
16 野球のテレビ中継を観戦する。
17 原野を開拓して人が移り住んだ。
18 地方裁判所に提訴する。
19 飛行機の主翼に異状が見つかる。
20 文化を学ぶために遣唐使を送る。
21 今夜サッカーの実況放送がある。
22 まるで桃源郷のような場所だ。

解答

1 こうたく
2 ぼうさつ
3 ぎょうてん
4 たいきゅう
5 ぜっきょう
6 ばくはつ
7 かんげん
8 にゅうか
9 さいくつ
10 すいそう
11 いっしゅん
12 ふんえん
13 はんにゅう
14 しょうしゅう
15 とうひ
16 ちゅうけい
17 かいたく
18 ていそ
19 しゅよく
20 けんとうし
21 じっきょう
22 とうげんきょう

23 ビタミンCを含有している。
24 夕方、一陣の風が吹く。
25 就寝時刻はいつも午後十時だ。
26 鋭利な刃《は》物で魚をさばく。
27 若者の規範意識を高めたい。
28 事件の経緯を調査する。
29 この国には資源が無尽蔵にある。
30 両者には意見の相違がある。
31 この絵は細かい描写が見事だ。
32 社交ダンスを優雅に踊る。
33 海岸の砂は粒子がとても細かい。
34 ていねいに扱ってください。
35 私に怒るのは筋違いだ。
36 駆け足で約束の場所へ向かう。
37 そんな振る舞いは恥をかくよ。
38 生活を振り返り、自らを戒める。
39 水害で家屋が床下浸水する。
40 人事を尽くして天命を待つ。
41 健康を損なうことを恐れる。
42 倒れた木の下敷きになった。
43 アイスクリームが溶けてしまう。
44 偉い先生に教えてもらった。
45 孫が病気の祖母を気遣う。
46 米粒ほどの大きさの虫が動く。
47 長く使うと包丁の切れ味が鈍る。
48 昼食代を含む費用が必要である。
49 この中ではどうも見劣りがする。
50 五月雨の降りのこしてや光堂

---

23 がんゆう
24 いちじん
25 しゅうしん
26 えいり
27 きはん
28 けいい
29 むじんぞう
30 そうい
31 びょうしゃ
32 ゆうが
33 りゅうし
34 あつか
35 すじちが
36 か
37 はじ
38 いまし
39 ゆかした
40 つ
41 おそ
42 たお
43 と
44 えら
45 きづか
46 こめつぶ
47 にぶ
48 ふく
49 みおと
50 さみだれ

第7日 (2)

部首、対義語・類義語

時間 20分
合格 26
得点 1回目 /36
2回目 /36

● 次の漢字の部首をア～エから一つ選び、記号で答えよ。

1 罰（ア 罒 イ 亠 ウ 言 エ 刂）
2 屈（ア 厂 イ 尸 ウ 彳 エ 凵）
3 徴（ア 彳 イ 山 ウ 王 エ 攵）
4 玄（ア 丶 イ 亠 ウ 幺 エ 玄）
5 襲（ア 立 イ 月 ウ 亠 エ 衣）
6 奥（ア 丶 イ 冂 ウ 米 エ 大）
7 摘（ア 扌 イ 亠 ウ 冂 エ 口）
8 脚（ア 月 イ 土 ウ 厶 エ 卩）
9 翼（ア 冫 イ 羽 ウ 田 エ 八）
10 戯（ア 虍 イ 弋 ウ 戈 エ 丶）
11 煮（ア 土 イ 耂 ウ 日 エ 灬）
12 鮮（ア ⺈ イ 魚 ウ 灬 エ 羊）
13 乾（ア 十 イ 日 ウ 乙 エ ノ）
14 鑑（ア 釒 イ 臣 ウ 皿 エ ノ）
15 案（ア 宀 イ 女 ウ 一 エ 木）
16 召（ア ノ イ 勹 ウ 刀 エ 口）
17 況（ア 氵 イ 口 ウ 儿 エ ノ）
18 影（ア 日 イ 亠 ウ 口 エ 彡）

解答

1 ア　2 イ　3 ア　4 エ　5 エ　6 エ　7 ア　8 ア　9 イ
10 ウ　11 エ　12 イ　13 ウ　14 ア　15 エ　16 エ　17 ア　18 エ

● 後の［　］内のひらがなを漢字に直して□に入れ、対義語・類義語を作れ。［　］内のひらがなは一度だけ使い、一字記せ。

対義語

1 歓喜 ― □嘆
2 却下 ― □理
3 攻撃 ― 防□
4 需要 ― □給
5 抵抗 ― □従
6 複雑 ― 単□
7 保守 ― □新
8 拡大 ― □小
9 中断 ― 継□

類義語

10 回想 ― □憶
11 巨木 ― □樹
12 高齢 ― □年
13 早速 ― 即□
14 推量 ― 憶□
15 追加 ― □足
16 土台 ― □盤
17 黙認 ― 看□
18 近隣 ― □辺

か・かく・き・ぎょ・きょう・こく・じゅ・しゅう・しゅく・じゅん・そく・ぞく・たい・つい・ひ・ふく・ほ・ろう

解答

1 悲　2 受　3 御　4 供　5 服　6 純　7 革　8 縮　9 続
10 追　11 大　12 老　13 刻　14 測　15 補　16 基　17 過　18 周

第7日(3) 書き取り

時間20分 合格35

得点 1回目 /50 2回目 /50

● 次の——線のカタカナを漢字に直せ。

1 テキセイな価格で販売する。
2 陸上で世界記録をジュリツする。
3 彼はヒョウリのない人物だ。
4 危険物をゲンジュウに管理する。
5 落ち着いたタイドで私に接した。
6 子どもとエイガを見に出かけた。
7 念入りにトウギして結論を出す。
8 ゴジを直して原稿を提出する。
9 ソコクは戦火に遭《あ》い、戻《もど》れない。
10 シュウセイ箇所を示しておく。
11 今年の夏はイジョウに暑かった。
12 前文はショウリャクしています。
13 大雨ケイホウが解除された。
14 ジコ流で書道をたしなんでいる。
15 キンニク質のたくましい男性だ。
16 読んだ本のサッスウを報告する。
17 二人は幸福のゼッチョウにある。
18 キボを縮小して実施《し》する予定だ。
19 ナンカンを突破して合格する。
20 遊園地でカンランシャに乗る。
21 時代のチョウリュウに乗る。
22 セイイを示して対応しなさい。

解答

1 適正
2 樹立
3 表裏
4 厳重
5 態度
6 映画
7 討議
8 誤字
9 祖国
10 修正
11 異常
12 省略
13 警報
14 自己
15 筋肉
16 冊数
17 絶頂
18 規模
19 難関
20 観覧車
21 潮流
22 誠意

23 交通事故によるシボウ者が出た。

24 パソコンでガゾウを読み取る。

25 コウソウビルからの東京の景色。

26 ケイソツな行動は慎もう。

27 私はシンゾウが丈夫ではない。

28 ザイサンを子どもに贈与する。

29 試合はテレビでホウエイされる。

30 彼は少しヨウリョウが悪い。

31 メイロウでさっぱりした性格だ。

32 壊れた屋根をホシュウした。

33 彼はハカセ号を取得している。

34 申し出をコトワったらしいね。

35 ストーブの火が勢いよくモえる。

36 目がサめた時にはいなかった。

37 キヌのスカーフを首に巻いた。

38 山々がツラなる風景を眺《なが》める。

39 支出のウチワケを記録する。

40 道路のカタガワが混雑している。

41 彼の無事をタシかめたいと思う。

42 お祝いのハナタバを届けよう。

43 欠点をオギナうには努力が必要。

44 多色でスったプリントを配る。

45 勇気をフルい起こして闘おう。

46 町の中心にアる図書館。

47 式の来賓《ひん》として恩師をマネく。

48 原文をリャクさずに書き写す。

49 彼はナれた手つきで包丁を扱う。

50 親類の子どもをアズかっている。

23	死亡
24	画像
25	高層
26	軽率
27	心臓
28	財産
29	放映
30	要領
31	明朗
32	補修
33	博士
34	断
35	燃
36	覚
37	絹
38	連
39	内訳
40	片側
41	確
42	花束
43	補
44	刷
45	奮
46	在
47	招
48	略
49	慣
50	預

第8日(1)　読み

時間15分　合格35

得点　1回目　/50　2回目　/50

● 次の――線の読みをひらがなで記せ。

1 彼の父は執筆活動を続けている。
2 とても迫力のある映画だった。
3 今月中旬から寒くなってくる。
4 この山で越冬する動物は少ない。
5 雨ざらしで金具が腐食した。
6 樹齢千年の屋《や》久《く》杉《すぎ》を見に行く。
7 歓呼して客を出迎える。
8 他人の私有地を侵害する。
9 彼は今、恐怖心でいっぱいだ。
10 柔和な顔つきで子どもと話す。
11 一杯のコーヒーをどうぞ。
12 繁忙期には子どもたちも手伝う。
13 子の優しさに思わず感涙した。
14 夏《なつ》目《め》漱石《そうせき》は明治時代の文豪だ。
15 合格圏内に入るために努力しろ。
16 港に停泊中の客船を見学する。
17 犯人は今も逃亡しているらしい。
18 責任を回避するのはひきょうだ。
19 長い歳月をかけて完成した。
20 返済の期日が切迫している。
21 彼は対抗意識がとても強い。
22 村人は夜通し警戒にあたった。

解答

1 しっぴつ
2 はくりょく
3 ちゅうじゅん
4 えっとう
5 ふしょく
6 じゅれい
7 かんこ
8 しんがい
9 きょうふ
10 にゅうわ
11 いっぱい
12 はんぼう
13 かんるい
14 ぶんごう
15 けんない
16 ていはく
17 とうぼう
18 かいひ
19 さいげつ
20 せっぱく
21 たいこう
22 けいかい

- 23 とうとう生活の基盤を失う。
- 24 送迎バスに乗ってホテルに行く。
- 25 荒天の場合は中止とする。
- 26 窓ガラスに水滴がついている。
- 27 新聞に短歌を投稿する。
- 28 台風襲来に備え戸締《じ》まりをする。
- 29 病床にあっても笑顔を忘れない。
- 30 技術を高められるよう精進する。
- 31 傍線部の漢字を平仮名に直す。
- 32 就職したので名刺を作る。
- 33 雄大な自然が眼前に広がる。
- 34 彼は病気で療養中である。
- 35 隣の家族は今日出かけている。
- 36 道端の草花にも心を動かす。
- 37 通りをイルミネーションで飾る。
- 38 互いにゆずり合うことが大切だ。
- 39 更に議論を深めよう。
- 40 さつま芋の収穫を体験する。
- 41 私の母は慎み深い女性だ。
- 42 公の場で堂々と発表する。
- 43 心を込めて客をもてなす。
- 44 村に古くから伝わる踊りがある。
- 45 霧がかかって何も見えない。
- 46 友人に入会を勧められる。
- 47 このかばんは弐万円で購《こう》入した。
- 48 彼女は別に恥じらう様子もない。
- 49 脂っこい食べ物は控《ひか》えなさい。
- 50 行方不明になった人をさがす。

---

23 きばん	37 かざ
24 そうげい	38 たが
25 こうてん	39 さら
26 すいてき	40 いも
27 とうこう	41 つつし
28 しゅうらい	42 おおやけ
29 びょうしょう	43 こ
30 しょうじん	44 おど
31 ぼうせん	45 きり
32 めいし	46 すす
33 ゆうだい	47 にまんえん
34 りょうよう	48 は
35 となり	49 あぶら
36 みちばた	50 ゆくえ

第8日 (2)

同音・同訓異字、四字熟語

時間20分 合格26

得点 1回目 /36 2回目 /36

● 次の——線のカタカナにあてはまる漢字をそれぞれのア～オから一つ選び、記号で答えよ。

1 卒業記念にみんなでショク樹する。
2 店内を装ショクして客を待つ。
3 道路交通法に抵ショクする行為だ。
（ア職 イ植 ウ飾 エ殖 オ触）

4 台風で床下シン水の被害にあう。
5 不法シン入とみなされる。
6 成績不シンで二軍に落ちた選手。
（ア侵 イ審 ウ振 エ浸 オ進）

7 日光にスかして葉脈を観察する。
8 耳をスませば虫の声が聞こえる。
9 早く宿題をスませて遊ぼうよ。
（ア済 イ透 ウ刷 エ住 オ澄）

10 花をソえてプレゼントを贈る。
11 川にソって桜並木が続いている。
12 ポプラの木が夕日にソまっている。
（ア添 イ反 ウ沿 エ染 オ初）

13 乾ソウ地帯には雨が降らない。
14 機械のソウ作は彼に任せよう。
15 ソウ動を起こした張本人だ。
（ア燥 イ創 ウ操 エ送 オ騒）

16 不意をツかれてあわてふためく。
17 かねがね希望していた職にツく。
18 大学を卒業して家業をツぐ。
（ア就 イ継 ウ突 エ付 オ着）

解答

1 イ　2 ウ　3 オ
4 エ　5 ア　6 ウ
7 イ　8 オ　9 ア
10 ア　11 ウ　12 エ
13 ア　14 ウ　15 オ
16 ウ　17 ア　18 イ

● 文中の四字熟語の――線のカタカナを漢字に直せ。

- 1 初めから意気投ゴウする。
- 2 一意セン心に取り組む。
- 3 一キョ両得に事が運ぶ。
- 4 難題を一トウ両断に裁く。
- 5 完全無ケツな人はいない。
- 6 優勝して狂喜乱ブする。
- 7 古コン東西の文学作品を読む。
- 8 自キュウ自足の生活が夢だ。
- 9 思リョ分別のある人だ。
- 10 晴コウ雨読の生活を楽しむ。
- 11 注意散マンを指摘される。
- 12 闘シ満満で試合に挑《いど》む。
- 13 品行ホウ正を心がけている。
- 14 ホウ年満作を祝って踊る。
- 15 無理難ダイをふっかける。
- 16 モン外不出の重要書類だ。
- 17 彼はいつも用意周トウだ。
- 18 論シ明快な文章を書く。

解答

- 1 意気投合《いきとうごう》 気持ちが合って仲良くなること。
- 2 一意専心《いちいせんしん》 そのことにのみ心を傾けること。
- 3 一挙両得《いっきょりょうとく》 一つの行動で二つ利益を得ること。
- 4 一刀両断《いっとうりょうだん》 思い切った処置をすること。
- 5 完全無欠《かんぜんむけつ》 欠点や不足が全くないこと。
- 6 狂喜乱舞《きょうきらんぶ》 ひどく喜ぶこと。
- 7 古今東西《ここんとうざい》 いつでもどこでも。
- 8 自給自足《じきゅうじそく》 自らの生産で必要物を満たすこと。
- 9 思慮分別《しりょふんべつ》 深く考え、わきまえていること。
- 10 晴耕雨読《せいこううどく》 田園に閑居《かんきょ》し自適生活を送ること。
- 11 注意散漫《ちゅういさんまん》 集中力に欠け、しまりがないこと。
- 12 闘志満満《とうしまんまん》 闘う意志が満ち足りているさま。
- 13 品行方正《ひんこうほうせい》 心の持ち方や行いが正しいこと。
- 14 豊年満作《ほうねんまんさく》 その年、穀物が十分実ること。
- 15 無理難題《むりなんだい》 むちゃくちゃな言いがかり。
- 16 門外不出《もんがいふしゅつ》 秘蔵して持ち出しを許さないこと。
- 17 用意周到《よういしゅうとう》 十分準備して手抜かりがないこと。
- 18 論旨明快《ろんしめいかい》 議論の主旨がはっきりしていること。

第8日 (3)

書き取り

時間20分
合格35
得点
1回目 /50
2回目 /50

● 次の――線のカタカナを漢字に直せ。

1 ヒレイ関係をグラフで表す。
2 彼はキンベンで実直な性格だ。
3 音楽会でガッソウをした。
4 文化財のホゾン方法を考える。
5 学校の周りにはタクチが広がる。
6 カンリャクに説明してください。
7 ニュウセイヒンは体によい。
8 農業のかたわらチョサクに励《はげ》む。
9 車がコショウして動かない。
10 幼児は運賃からジョガイする。
11 エキタイの入ったびん。
12 ボウエキ港として栄えた場所だ。
13 実力をハッキして試験に挑《いど》む。
14 防犯のためのソシキを結成する。
15 ジュンキンの時計が置かれた家。
16 カイダンでは足元に気をつけろ。
17 シンチクの家屋に引っ越しする。
18 人口についてのトウケイをとる。
19 コウテツのような意志を堅持する。
20 彼は昆《こん》虫サイシュウが趣味だ。
21 国際的なシヤに立って考える。
22 サン性かアルカリ性かを調べる。

解答

1 比例
2 勤勉
3 合奏
4 保存
5 宅地
6 簡略
7 乳製品
8 著作
9 故障
10 除外
11 液体
12 貿易
13 発揮
14 組織
15 純金
16 階段
17 新築
18 統計
19 鋼鉄
20 採集
21 視野
22 酸

23 児童ケンショウをみんなで守る。
24 落雷のためテイデンしている。
25 ここは交通ジコが多発している。
26 今日の一勝は非常にカチがある。
27 やりくりしてセツヤクに努める。
28 料金の支払いはヨクゲツになる。
29 ギャクテンのヒットで勝利する。
30 セイイキを侵してはならない。
31 的に向かって矢をハナつ。
32 カタコトの英語であいさつする。
33 事実にモトづいた根拠を示す。
34 ワカクサ色のシャツで外出する。
35 軽くコナをつけて焼き上げる。
36 小鳥をテアツく保護する。

37 後ろにスワっているのは母だ。
38 式典はオゴソかに行われた。
39 他人のフルキズに触れる発言だ。
40 シオの流れが速くなった。
41 会社を家の近くにウツしたい。
42 家族にもミカギられてしまう。
43 家族でゲームにキョウじている。
44 給料を銀行にアズける。
45 コウスイのにおいが鼻につく。
46 久しぶりに友人の家をタズねる。
47 彼は知識のイズミのような人だ。
48 メガネをかけた少女が私の妹だ。
49 ケイダイに大きな杉の木がある。
50 私にはイッサイ関係がない。

23 憲章
24 停電
25 事故
26 価値
27 節約
28 翌月
29 逆転
30 聖域
31 放
32 片言
33 基
34 若草
35 粉
36 手厚
37 座
38 厳
39 古傷
40 潮
41 移
42 見限
43 興
44 預
45 香水
46 訪
47 泉
48 眼鏡
49 境内
50 一切

第9日 (1)

読み

時間 15分
合格 35

得点
1回目 /50
2回目 /50

● 次の――線の読みをひらがなで記せ。

1 役職を辞任するよう勧告される。
2 事実が雄弁に物語っている。
3 真紅の優勝旗を目指している。
4 彼はとても執念深い人だ。
5 今昔《こんじゃく》物語の冒頭は「今は昔」だ。
6 海浜を歩き美しい貝がらを拾う。
7 次は指摘されないようにしろ。
8 ガスが噴出し辺りに近寄れない。
9 青年の偉容に頼もしさを覚える。
10 運動場に雑草が繁茂している。
11 絶壁に立つと足がすくむ。
12 オリンピックを招致したかった。
13 微力ながら精いっぱいがんばる。
14 人口は減少する傾向にある。
15 堤防の上から釣《つ》り糸をたれる。
16 父の縁故を頼って参加する。
17 プロ野球の熱狂的なファンだ。
18 古い校舎の耐震工事を行う。
19 彼は私の一年後輩だ。
20 同窓会で会費を徴収する。
21 もうすぐ動物が冬眠から覚める。
22 歳入不足で計画が進まない。

解答

1 かんこく
2 ゆうべん
3 しんく
4 しゅうねん
5 ぼうとう
6 かいひん
7 してき
8 ふんしゅつ
9 いよう
10 はんも
11 ぜっぺき
12 しょうち
13 びりょく
14 けいこう
15 ていぼう
16 えんこ
17 ねっきょう
18 たいしん
19 こうはい
20 ちょうしゅう
21 とうみん
22 さいにゅう

23 これを機縁に仲直りしたい。
24 彼は部長の仕事も兼任している。
25 アメリカに視察団を派遣する。
26 負けていたチームが逆襲する。
27 小学生が水稲栽培《さいばい》に取り組む。
28 彼は体重百キロの巨漢だ。
29 仕事は君の手腕にかかっている。
30 現地で遺跡を踏査する。
31 功績があり名誉市民に選ばれる。
32 国と国が相互の理解を深める。
33 隣人に頼んで手伝ってもらう。
34 苦しそうに脂汗をにじませる。
35 ここからは峰続きだ。
36 暦の上ではもう春が来ている。

37 丘の上でおいしい弁当を広げる。
38 薪を拾って火をおこす。
39 部屋に美しい花を飾る。
40 仲間と共に沢歩きを楽しむ。
41 母の煮物は天下一品だ。
42 どうすべきか、上司に伺いたい。
43 軽々しい行動は慎もう。
44 暗記力はあの子より劣る。
45 帰り道、肩を並べて歩く。
46 耳を澄ますと鈴虫《すずむし》の音がする。
47 開けられないよう鎖でくくる。
48 突然指名されたので戸惑った。
49 楽しい遠足に声が弾む。
50 縁のないめがねが欲しい。

---

23 きえん
24 けんにん
25 はけん
26 ぎゃくしゅう
27 すいとう
28 きょかん
29 しゅわん
30 とうさ
31 めいよ
32 そうご
33 りんじん
34 あぶらあせ
35 みねつづ
36 こよみ

37 おか
38 たきぎ
39 かざ
40 さわ
41 にもの
42 うかが
43 つつし
44 おと
45 かた
46 す
47 くさり
48 とまど
49 はず
50 ふち

第9日 (2)

漢字識別、誤字訂正

時間20分
合格23
得点
1回目 /32
2回目 /32

● 次の1〜5の三つの□に共通する漢字を入れて熟語を作れ。漢字は下のア〜コから一つ選び、記号で答えよ。

(1)

1 筆□・招□・□命的
2 激□・□声・□号
3 極□・□正・末□
4 根□・論□・□点
5 □道・□和・優□

ア 柔　イ 待　ウ 致　エ 大　オ 期　カ 怒　キ 底　ク 端　ケ 不　コ 拠

(2)

1 □抜・□妙・□特
2 □縮・□淡・□霧
3 後□・□出・年□
4 貯□・□財・含□
5 □思・□黙・浮□

ア 気　イ 蓄　ウ 輩　エ 伸　オ 日　カ 沈　キ 金　ク 上　ケ 濃　コ 奇

(3)

1 感□・落□・□声
2 □反・□法・□和感
3 □議・対□・抵□
4 魚□・投□・□絵
5 □弱・□情・□着

ア 覚　イ 影　ウ 意　エ 涙　オ 薄　カ 違　キ 義　ク 球　ケ 抗　コ 強

(4)

1 □念・□行・固□
2 □時・一□・□発力
3 追□・□破・□拍子
4 □角・□天・信□
5 考□・熟□・配□

ア 瞬　イ 疑　ウ 間　エ 突　オ 執　カ 求　キ 仰　ク 慮　ケ 直　コ 察

解答

(1) 1 ウ　2 カ　3 ク　4 コ　5 ア
(2) 1 コ　2 ケ　3 ウ　4 イ　5 カ
(3) 1 エ　2 カ　3 ケ　4 イ　5 オ
(4) 1 オ　2 ア　3 エ　4 キ　5 ク

●次の各文にまちがって使われている同じ読みの漢字が一字ある。上に誤字を、下に正しい漢字を記せ。

1 試験問題は机上に置いたまま、解答用紙のみを後列から回集した。

2 協会の運営に支障をきたさない程度に事務経費の切減に努めなさい。

3 発掘された遺跡は風化が激しく、完然な姿での保存は極めて困難だ。

4 外部記憶操置にあった情報が、関係者の悪質な行為により流出した。

5 瀬戸内《せとうち》に点在する島々が織りなす景観は、まさに自然の像形美だ。

6 仲裁に入っても、当事者の心中を推則できなければ解決に至らない。

7 街頭に自転車を放致すると条例により罰金を徴収される場合がある。

8 夏場の最摘な気温に設定された部屋で、幼児たちの遊戯が始まる。

9 特設会場での添示即売会に大勢の人が集まり警備員が増員された。

10 目的地である山頂の評高を調べて、気温と気圧の概数を算出する。

11 調査対象の分析の仕方に課題があり、更に検当の余地がある。

12 新しい機器が道入されて、仕事の効率が格段に改善された。

解答

1 集・収
2 切・節
3 然・全
4 操・装
5 像・造
6 則・測
7 致・置
8 摘・適
9 添・展
10 評・標
11 当・討
12 道・導

第9日(3)

書き取り

時間20分 合格35

得点 1回目 /50 2回目 /50

● 次の——線のカタカナを漢字に直せ。

1 収穫《かく》した米をチョゾウする。
2 旅行のジュンビはもう済ませた。
3 分譲《じょう》ジュウタク地を売り出した。
4 医学のシンテンが目覚ましい。
5 他人にキガイを加えてはならぬ。
6 有名作家のショカンが見つかる。
7 ゲイノウ方面の仕事に就きたい。
8 彼は父親をソンケイしている。
9 村長のドウゾウが建てられた。
10 映画の名場面をサイセイする。
11 気が優しいのは母のイデンだ。
12 カイヘイは機械操作で行う。
13 今日の出来事をホウコクする。
14 ゲンショクと新人の争う選挙だ。
15 ニンシキを新たにする。
16 サンセイと反対が同数となる。
17 まだ発表できるダンカイでない。
18 自転車での日本ジュウダンの旅。
19 学校のキュウギ大会で優勝する。
20 コジンの力では解決できない。
21 物事のゼンアクをわきまえる。
22 間違った行いをシャザイする。

解答

1 貯蔵
2 準備
3 住宅
4 進展
5 危害
6 書簡
7 芸能
8 尊敬
9 銅像
10 再生
11 遺伝
12 開閉
13 報告
14 現職
15 認識
16 賛成
17 段階
18 縦断
19 球技
20 個人
21 善悪
22 謝罪

☐ 23 出場できないのは残念シゴクだ。
☐ 24 太平洋エンガンは風雨が強まる。
☐ 25 会場の熱気でコウフンした。
☐ 26 身の回りをセイケツにしよう。
☐ 27 サンチョウは快晴で景色がいい。
☐ 28 勤労イヨクを高めて仕事しよう。
☐ 29 彼は主将としてテキニンだ。
☐ 30 メンミツな計画のもと登山する。
☐ 31 忍《にん》耐強さがフカケツな条件だ。
☐ 32 ヨソクできない事態が起こる。
☐ 33 お互いにホンネで話をしよう。
☐ 34 水面にハモンが広がる。
☐ 35 くやしそうにシタウちをする。
☐ 36 細かい部分をハブいて記録する。

☐ 37 型に合わせて白い布をタつ。
☐ 38 最近言葉遣いがミダれている。
☐ 39 テサグりで研究を進める。
☐ 40 長い年月をへて成功に至る。
☐ 41 細いクダを使って水を通す。
☐ 42 セスジが寒くなるような怖い話。
☐ 43 ワギりにしたオレンジを食べる。
☐ 44 彼のコノみはもの静かな女性だ。
☐ 45 世の中にはニたような人がいる。
☐ 46 キャンプで薪をモやして囲んだ。
☐ 47 彼とはオサナトモダチである。
☐ 48 鏡にウツった自分の姿を見た。
☐ 49 歯がイタいので歯科医院を訪ねる。
☐ 50 アタタかいセーターを着る。

---

23 至極
24 沿岸
25 興奮
26 清潔
27 山頂
28 意欲
29 適任
30 綿密
31 不可欠
32 予測
33 本音
34 波紋
35 舌打
36 省
37 裁
38 乱
39 手探
40 経
41 管
42 背筋
43 輪切
44 好
45 似
46 燃
47 幼友達
48 映
49 痛
50 暖

第10日(1)

読み

時間15分
合格35

得点
1回目　/50
2回目　/50

● 次の――線の読みをひらがなで記せ。

1 機敏な動きで相手を惑わせる。
2 絶妙なタイミングで出会う。
3 訪問先で熱烈な歓迎を受ける。
4 相手の立場を考慮して判断する。
5 オリンピックの跳馬の選手だ。
6 水溶液の色の変化を調べる。
7 海水浴を監視する人たちがいる。
8 外国での販路を開拓する。
9 秀麗な富士の山を眺《なが》める。
10 インフルエンザによる学級閉鎖。
11 あいさつの依頼状が届く。
12 他人に迷惑をかけてはいけない。
13 玄米を食べると体に良い。
14 耐用年数を超《こ》えると使用禁止だ。
15 早速仕事に取りかかろう。
16 悲恋を題材にした小説を読む。
17 野球選手が遠征試合に行く。
18 寸暇を惜《お》しんで勉学に励《はげ》む。
19 けが人を手厚く介抱する。
20 上司に迎合する部下は要らない。
21 不況の影響で会社が倒産する。
22 ハトは平和の象徴である。

解答

1 きびん
2 ぜつみょう
3 ねつれつ
4 こうりょ
5 ちょうば
6 ようえき
7 かんし
8 はんろ
9 しゅうれい
10 へいさ
11 いらい
12 めいわく
13 げんまい
14 たいよう
15 さっそく
16 ひれん
17 えんせい
18 すんか
19 かいほう
20 げいごう
21 とうさん
22 しょうちょう

23 集めたお金の使途が不明朗だ。
24 何をすべきか当惑している。
25 その時の記憶がはっきりしない。
26 運動をすると大量に発汗する。
27 室内装飾の仕事に従事している。
28 真剣な顔つきで私を見つめた。
29 巨大なアートが海岸に出現する。
30 新年の抱負を筆で書き表す。
31 警官が町内を巡回している。
32 大国に隷属するのは忍《しの》びがたい。
33 友達の家に泊まったことがある。
34 四角い網で魚を焼く。
35 澄んだ目をしたかわいい娘だ。
36 弱火でシチューをぐつぐつ煮る。

37 手柄を立てて表彰《しょう》される。
38 今のうちに実力を蓄えておく。
39 明日伺うことになっている。
40 あんな怖い目に遭《あ》いたくない。
41 ソーラン節を勇ましく踊る。
42 人間業とは思えない。
43 何やら騒がしい声がする。
44 危険を冒してまですべきなのか。
45 彼は口が堅い男である。
46 池の堤に静かにたたずむ。
47 古くなって土台が腐る。
48 修学旅行の土産を買う。
49 紙吹雪と共に祝福の声があがる。
50 彼とは波止場で別れた。

23 しと
24 とうわく
25 きおく
26 はっかん
27 そうしょく
28 しんけん
29 きょだい
30 ほうふ
31 じゅんかい
32 れいぞく
33 と
34 あみ
35 す
36 に

37 てがら
38 たくわ
39 うかが
40 こわ
41 おど
42 わざ
43 さわ
44 おか
45 かた
46 つつみ
47 くさ
48 みやげ
49 ふぶき
50 はとば

第10日 (2)

部首、対義語・類義語

時間 20分
合格 26

得点
1回目 /36
2回目 /36

● 次の漢字の部首をア～エから一つ選び、記号で答えよ。

1 丹（ア 丶　イ 一　ウ ノ　エ 冂）
2 黙（ア 里　イ 黒　ウ 犬　エ 灬）
3 興（ア 冂　イ 口　ウ 臼　エ 八）
4 厚（ア 厂　イ 日　ウ 一　エ 子）
5 蓄（ア 艹　イ 亠　ウ 幺　エ 田）
6 慮（ア 虍　イ 广　ウ 田　エ 心）
7 盤（ア 舟　イ 殳　ウ 又　エ 皿）
8 勧（ア ノ　イ 隹　ウ 二　エ 力）
9 再（ア 一　イ 十　ウ 土　エ 冂）
10 倒（ア 亻　イ 土　ウ 至　エ 刂）
11 幕（ア 艹　イ 日　ウ 一　エ 巾）
12 戒（ア 一　イ 廾　ウ 戈　エ 弋）
13 致（ア 土　イ 至　ウ 厶　エ 夂）
14 寝（ア 宀　イ 丬　ウ 冖　エ 又）
15 殖（ア 一　イ 歹　ウ 目　エ 十）
16 狩（ア ノ　イ 犭　ウ 宀　エ 寸）
17 斜（ア 人　イ 干　ウ 斗　エ 丶）
18 床（ア 广　イ 十　ウ 木　エ 一）

解答

1 ア　2 イ　3 ウ　4 ア　5 ア　6 エ　7 エ　8 エ　9 エ
10 ア　11 エ　12 ウ　13 イ　14 ア　15 イ　16 イ　17 ウ　18 ア

● 後の［　］内のひらがなを漢字に直して□に入れ、対義語・類義語を作れ。［　］内のひらがなは一度だけ使い、一字記せ。

対義語

1 簡略 ― 繁□
2 軽率 ― 慎□
3 困難 ― □易
4 脱退 ― 加□
5 定例 ― □時
6 不振 ― □調
7 油断 ― □戒
8 故意 ― □失
9 猛暑 ― 厳□

類義語

10 介抱 ― 看□
11 風刺 ― □肉
12 根拠 ― □由
13 釈明 ― 弁□
14 前途 ― □来
15 手柄 ― 功□
16 薄情 ― □淡
17 不朽 ― □遠
18 友好 ― 親□

えい・か・かい・かん・けい・ご・こう・ざつ・しょう
せき・ぜん・ちょう・ひ・めい・よう・り・りん・れい

解答

1 雑　2 重　3 容　4 盟　5 臨　6 好　7 警　8 過　9 寒
10 護　11 皮　12 理　13 解　14 将　15 績　16 冷　17 永　18 善

第10日(3)

書き取り

時間20分　合格35

得点　1回目　/50　2回目　/50

● 次の——線のカタカナを漢字に直せ。

1 都市計画のコッカクができた。
2 隣の家にカイランバンを届ける。
3 ガラスのハヘンに気をつけろ。
4 大学で近代文学をセンコウする。
5 事件にハッテンするとは心外だ。
6 育友会の役員にニンメイされる。
7 人事イドウで県外へ転勤する。
8 いつも親子のジョウアイは深い。
9 キュウゴのための車が伴走《ばん》する。
10 ボウサイ対策をしっかり立てる。
11 テッキンの強度を調査する。
12 雨のため試合はエンキされた。
13 雑菌《きん》はジョキョして清潔にする。
14 父はザイタク医療を望んでいる。
15 新型機器をドウニュウした。
16 フクザツな表情を浮《う》かべる。
17 シンピ的な光景を見た。
18 チョッケイ二十センチのケーキ。
19 下校ジコクになると人が多い。
20 夏のセイザを肉眼で楽しむ。
21 シャソウからの眺《なが》めが有名だ。
22 学級のアイドル的ソンザイだ。

解答

1 骨格
2 回覧板
3 破片
4 専攻
5 発展
6 任命
7 異動
8 情愛
9 救護
10 防災
11 鉄筋
12 延期
13 除去
14 在宅
15 導入
16 複雑
17 神秘
18 直径
19 時刻
20 星座
21 車窓
22 存在

23 十年ぶりにキキョウした。
24 美術の時間に名画をモシャする。
25 大統領のシュウニン会見を見る。
26 時間をタンシュクして実施《し》する。
27 会長コウホとして推薦《せん》される。
28 リコ主義な彼は打ち解けない。
29 大雨ケイホウが発令されている。
30 ここらは私の受け持ちクイキだ。
31 ケンセツ中の家を見守る。
32 名声が上がりホンモウだろう。
33 ホしい物は何でも手に入れた。
34 君の忠告にシタガうことにする。
35 税金をオサめることが必要だ。
36 商品をネサげして客を呼ぶ。

37 人からセめられて当惑《わく》した。
38 状況を有利にミチビく判断だ。
39 赤いクチベニが印象的な女性だ。
40 ここらでおテナみを拝見しよう。
41 モりツけも料理のポイントだ。
42 彼らのやり方にはハラが立つ。
43 タビカサなる失敗は許されない。
44 彼の見事なワザが決まった。
45 あいつときたらコマったもんだ。
46 カブに手を出して自己破産する。
47 晴れのカドデを皆で祝福する。
48 アタタめていた論文を発表する。
49 大ウナバラに浮かぶ白い船。
50 山のイタダキを白い雲が覆《おお》う。

23 帰郷
24 模写
25 就任
26 短縮
27 候補
28 利己
29 警報
30 区域
31 建設
32 本望
33 欲
34 従
35 納
36 値下

37 責
38 導
39 口紅
40 手並
41 盛(り)付
42 腹
43 度重
44 技
45 困
46 株
47 門出
48 温
49 海原
50 頂

第11日 (1)

読み

時間15分 合格35

得点
1回目 /50
2回目 /50

● 次の――線の読みをひらがなで記せ。

1 一定の距離を置いて話す。
2 心の中を透視されているようだ。
3 丈夫な布で袋《ふくろ》を作ろう。
4 脚注を見て参考にする。
5 よく冷えた濃縮ジュースを飲む。
6 よく働いて疲労がピークだ。
7 彼はこの辞典の監修者だ。
8 急な出来事に辺りが騒然とする。
9 弾丸の摘出手術を受ける。
10 この雑誌は旬刊になっている。
11 医療機関へ行って相談する。
12 復旧の見込みは皆無に等しい。
13 湾《わん》に入った魚を捕獲する。
14 戦況はどうやら劣勢のようだ。
15 彼は兼務している仕事がある。
16 彼は跳躍力のある選手だ。
17 とても貴重な化石を発掘する。
18 化粧《しょう》品には香料が使われている。
19 その意見は是認しがたい。
20 傾斜のゆるやかな坂道を登る。
21 彼の考え方には脱帽である。
22 苦情の電話が殺到する。

解答

1 きょり
2 とうし
3 じょうぶ
4 きゃくちゅう
5 のうしゅく
6 ひろう
7 かんしゅう
8 そうぜん
9 てきしゅつ
10 じゅんかん
11 いりょう
12 かいむ
13 ほかく
14 れっせい
15 けんむ
16 ちょうやく
17 はっくつ
18 こうりょう
19 ぜにん
20 けいしゃ
21 だつぼう
22 さっとう

23 精鋭がそろったスポーツ大会だ。

24 鉛直線は水平面と垂直である。

25 インフルエンザが猛威をふるう。

26 優勝して祝杯をあげる。

27 神社で必勝を祈願する。

28 事件の被害者に事情聴《ちょう》取をする。

29 彼はキリスト教を信仰している。

30 能楽堂から謡曲が聞こえてくる。

31 日本のチームが上位を独占する。

32 校舎の老朽化が進む。

33 ドーバー海峡《きょう》を泳いで渡る。

34 謝って済む問題ではない。

35 お客様を心から温かく迎える。

36 見えなくなるまで手を振る。

37 兄の交通事故の知らせに驚く。

38 古い道具は壊してしまおう。

39 幅広い意見が採り上げられる。

40 他人の財産を侵してはならない。

41 翼があったら空を飛びたい。

42 フライパンに油を薄くひく。

43 彼の安否を尋ねる。

44 暑くなったので上着を脱いだ。

45 子の様子を聞いて父の顔が曇る。

46 なかなか鋭い感覚の持ち主だ。

47 手紙を書くために筆を執る。

48 この橋は半ば朽ちかかっている。

49 芝生の公園で寝転がる。

50 時雨模様で寒い夜だ。

23 せいえい
24 えんちょく
25 もうい
26 しゅくはい
27 きがん
28 ひがい
29 しんこう
30 ようきょく
31 どくせん
32 ろうきゅう
33 わた
34 あやま
35 むか
36 ふ

37 おどろ
38 こわ
39 はばひろ
40 おか
41 つばさ
42 うす
43 たず
44 ぬ
45 くも
46 するど
47 と
48 く
49 しばふ
50 しぐれ

第11日 (2) 熟語の構成、漢字と送りがな

時間 20分　合格 28
得点 1回目 /40　2回目 /40

● 熟語の構成のしかたには次のようなものがある。

ア　同じような意味の漢字を重ねたもの　（岩石）
イ　反対または対応の意味を表す字を重ねたもの　（高低）
ウ　上の字が下の字を修飾しているもの　（洋画）
エ　下の字が上の字の目的語・補語になっているもの　（着席）
オ　上の字が下の字の意味を打ち消しているもの　（非常）

次の熟語は右のア～オのどれにあたるか、一つ選び、記号で答えよ。

1 激突
2 栄枯
3 繁茂
4 解禁
5 送迎
6 委任
7 不朽
8 遅刻
9 荒野
10 得失
11 依頼
12 離合
13 未婚
14 製菓
15 濃霧

解答
1 ウ　2 イ　3 ア　4 エ　5 イ　6 ア　7 オ　8 エ　9 ウ　10 イ　11 ア　12 イ　13 オ　14 エ　15 ウ

● 次の――線のカタカナを漢字一字と送りがな(ひらがな)に直せ。

〈例〉 問題にコタエル。 答える

1 詩をじっくりとアジワウ。
2 富士山頂で朝日をアビル。
3 ものすごいイキオイで走り去る。
4 老人をウヤマウ気持ちが大事だ。
5 会場は若者の熱気をオビル。
6 四百年前にこの城をキズイた。
7 選手にコマカイ指示をした。
8 先生の指示にシタガウ。
9 運動能力のスグレた人だ。
10 彼は人格がソナワッている。
11 得意気に胸をソラス。
12 相談したがツメタイ反応だった。
13 規則にテラシて処分を検討する。
14 日程をノバスことはできない。
15 うまくいくようにとりハカラウ。
16 努力した後は運を天にマカセル。
17 努力にマサルものはない。
18 資料にモトヅイて説明する。
19 子どもをヤシナウ義務がある。
20 それはヨロコバシイことだ。
21 ココロヨク引き受けるよ。
22 今後の改革の方策をサグル。
23 顔をソムケル態度はするな。
24 遠足で児童をヒキイル先生。
25 常識にカケル行動は嫌われる。

解答

1 味わう
2 浴びる
3 勢い
4 敬う
5 帯びる
6 築い
7 細かい
8 従う
9 優れ
10 備わっ
11 反らす
12 冷たい
13 照らし
14 延ばす
15 計らう
16 任せる
17 勝る
18 基づい
19 養う
20 喜ばしい
21 快く
22 探る
23 背ける
24 率いる
25 欠ける

第11日 (3)

書き取り

時間20分　合格35

得点　1回目　/50　2回目　/50

● 次の――線のカタカナを漢字に直せ。

1 ツウカイな逆転ホームラン。
2 平家のコウボウの歴史を学んだ。
3 人権ソンチョウの精神を大切に。
4 理想とゲンジツの間で悩む。
5 本校の教育ホウシンを決める。
6 型紙に合わせてサイダンする。
7 キケンな遊びは禁止されている。
8 事件の新たなテンカイを見守る。
9 コッキョウを越えてバスは進む。
10 イドウは彼の車を利用しよう。
11 ビスケットでクウフクを満たす。
12 各地の難民をキュウサイする。
13 彼に絶対フクジュウを約束する。
14 初孫のタンジョウを心から喜ぶ。
15 エンゲキ界のホープとなった。
16 シジする政党が選挙で大敗する。
17 彼の意見にだれもサンドウしない。
18 チケットのマイスウが限られる。
19 汗をキュウシュウしやすい布。
20 シュウエキは被災地へ寄付する。
21 薬のコウリョクで楽になる。
22 事故で列車は遅れるモヨウだ。

解答

1 痛快　2 興亡　3 尊重　4 現実　5 方針　6 裁断　7 危険　8 展開　9 国境　10 移動　11 空腹
12 救済　13 服従　14 誕生　15 演劇　16 支持　17 賛同　18 枚数　19 吸収　20 収益　21 効力　22 模様

23 カカクを下げて大量に販売する。
24 あのバン、彼は一人で家にいた。
25 センデン活動を行って客を呼ぶ。
26 利根川《とねがわ》リュウイキに広がる平野。
27 深さに比例してスイアツが増す。
28 関係団体がドウメイを結ぶ。
29 ジョウカ町として栄えた場所だ。
30 教育関係のショクギョウを望む。
31 セイジツな人柄で皆に好かれる。
32 琴《こと》のきれいなネイロを楽しむ。
33 資料の持ち込みをミトめた試験。
34 空はアツい雲におおわれていた。
35 先にシメした書類を見てください。
36 インダス文明のミナモトの地。

37 ハリと糸を用意して手芸をする。
38 私の姉はタマゴ料理が得意だ。
39 肩がこってクビスジが痛い。
40 赤ん坊をヤサしくあやす。
41 ネビきされた商品を購《こう》入する。
42 ホしていた洗濯《たく》物を片付ける。
43 うっかりワスれることが多い。
44 道路にソってけやきを植える。
45 スポットライトで舞台をテらす。
46 コメダワラを軽々と持ち上げる。
47 郊《こう》外に待望の新居をカマえる。
48 彼の退部はチームのイタデだ。
49 ひな祭りの人形を箱にオサめる。
50 カナ文字が美しい書を味わう。

23 価格
24 晩
25 宣伝
26 流域
27 水圧
28 同盟
29 城下
30 職業
31 誠実
32 音色
33 認
34 厚
35 示
36 源

37 針
38 卵(玉子)
39 首筋
40 優
41 値引
42 干
43 忘
44 沿
45 照
46 米俵
47 構
48 痛手
49 収
50 仮名

第12日(1)　読み

時間 15分　合格 35

得点　1回目 /50　2回目 /50

● 次の——線の読みをひらがなで記せ。

1 争った**形跡**が見つからない。
2 **闘志**を抱いて丘に立つ。
3 **濃淡**がはっきりとした色合いだ。
4 **乾燥**した地域では暮らしにくい。
5 **北緯**三十五度地点に標識がある。
6 私の意見は**却下**されたようだ。
7 **市販**の薬を飲んで頭痛を治す。
8 友好の印に**握手**をする。
9 上を下への大**騒動**であった。
10 学術の**振興**に貢献《こうけん》する。
11 優勝して賞金を**獲得**する。
12 **比較**的おだやかな朝を迎えた。
13 退職して**隠居**の身になる。
14 実施《し》**要項**に詳しい内容を載せる。
15 **恒例**の夏祭りが盛大に行われる。
16 **是非**一度会食をしましょう。
17 一座が地方**巡業**の旅に出る。
18 周りの変化に**敏感**に反応する。
19 **雑踏**をかき分けて進む。
20 **多忙**な毎日を過ごしている。
21 生物は食物**連鎖**の中で生きる。
22 高い**煙突**が目印になるだろう。

解答

1 けいせき
2 とうし
3 のうたん
4 かんそう
5 ほくい
6 きゃっか
7 しはん
8 あくしゅ
9 そうどう
10 しんこう
11 かくとく
12 ひかく
13 いんきょ
14 ようこう
15 こうれい
16 ぜひ
17 じゅんぎょう
18 びんかん
19 ざっとう
20 たぼう
21 れんさ
22 えんとつ

73 第12日 (1) 読み

□23 男女兼用の雨具を使う。
□24 宿坊に泊まって寺社を訪れる。
□25 この戯曲を書いたのは彼の父だ。
□26 国体に出場する選手への声援。
□27 歯科医院で虫歯を治療する。
□28 あいまいな行動は疑惑を招く。
□29 彼には欧州《おうしゅう》への渡航経験がある。
□30 抜群の集中力はまねができない。
□31 小さなことも見逃せない性分だ。
□32 猛烈に強い風が吹く。
□33 天井に何か小さな生き物がいる。
□34 台風が近づき、波が荒い。
□35 路傍の石にも優しい思いを持つ。
□36 鬼は外、福は内。

□37 桜の花も盛りを過ぎた。
□38 事業がうまくいかず嘆いている。
□39 春先はだんだん薄着になる。
□40 雑草が生い茂った道を歩く。
□41 遠くの沖に白い船が見える。
□42 自転車を盗んで捕らえられる。
□43 厳しい気候と闘ってきた暮らし。
□44 彼のめでたい門出を祝う。
□45 緊《きん》張で手がぶるぶると震える。
□46 地震で建物が傾いてしまう。
□47 大粒の涙がほおをつたう。
□48 急に道が狭まっている。
□49 浜辺で拾った貝がらを見せる。
□50 息子は今年、高校生になる。

23 けんよう
24 しゅくぼう
25 ぎきょく
26 せいえん
27 ちりょう
28 ぎわく
29 とこう
30 ばつぐん
31 しょうぶん
32 もうれつ
33 てんじょう
34 あら
35 ろぼう
36 おに

37 さか
38 なげ
39 うすぎ
40 しげ
41 おき
42 ぬす
43 たたか
44 かどで
45 ふる
46 かたむ
47 つぶ
48 せば
49 はまべ
50 むすこ

第12日 (2)

同音・同訓異字、四字熟語

時間20分　合格26

得点　1回目　/36　2回目　/36

● 次の——線のカタカナにあてはまる漢字をそれぞれのア～オから一つ選び、記号で答えよ。

1 新生活になかなかテキ応できない。
2 会社の脱税がテキ発される。
3 点テキを受けて疲労を回復させる。
（ア滴　イ摘　ウ敵　エ的　オ適）

4 筆をトって先生への手紙を書く。
5 採集した虫をピンでトめて並べる。
6 トらえられたのは小さいいのししだ。
（ア取　イ採　ウ執　エ留　オ捕）

7 新しい生活様式が皆に浸トウする。
8 大地震で実家がトウ壊したようだ。
9 隣町とのトウ合について協議する。
（ア倒　イ到　ウ透　エ統　オ踏）

10 気ハクのこもった試合が続いた。
11 港に停ハク中の客船を見学する。
12 観客からのハク手が鳴りやまない。
（ア薄　イ泊　ウ舶　エ迫　オ拍）

13 台風のヒ害がテレビで報道される。
14 ヒ岸にはふるさとへ墓参りに行く。
15 仕事が多く、ヒ労もピークだ。
（ア被　イ避　ウ疲　エ批　オ彼）

16 畑を荒らす動物をホ獲する。
17 自家用車の燃料をホ給する。
18 田舎の道はなかなかホ装されない。
（ア補　イ捕　ウ保　エ舗　オ歩）

解答

1	2	3	4	5	6	7	8	9
オ	イ	ア	ウ	エ	オ	ウ	ア	エ

10	11	12	13	14	15	16	17	18
エ	イ	オ	ア	オ	ウ	イ	ア	エ

● 文中の四字熟語の――線のカタカナを漢字に直せ。

1 異ク同音に反対を唱える。
2 一日千シュウの思いで待つ。
3 両軍は一触ソク発の状態だ。
4 ウ為転変の人生を送る。
5 起死カイ生のホームラン。
6 仏の教えを金カ玉条とする。
7 今は五里ム中の状態だ。
8 事実無コンのデマが流れる。
9 心キ一転、生活を改める。
10 彼は大キ晩成の人間だ。
11 チン思黙考して策を練る。
12 彼とはどうも同床異ムだ。
13 不可コウ力で起きた事故。
14 抱腹ゼッ倒の喜劇を見る。
15 メイ実一体の優れた作家。
16 問答無ヨウとして議論しない。
17 力戦フン闘して負けた試合。
18 あいつは人面ジュウ心だ。

解答

1 異口同音《いくどうおん》　多くの人が同じ事を言うこと。
2 一日千秋《いちじつ(にち)せんしゅう》　非常に待ち遠しいこと。
3 一触即発《いっしょくそくはつ》　危機に直面していること。
4 有為転変《ういてんぺん》　世事の移り変わりやすいこと。
5 起死回生《きしかいせい》　絶望的な状態から立ち直ること。
6 金科玉条《きんかぎょくじょう》　最も大切にする重要な法や規則。
7 五里霧中《ごりむちゅう》　判断に迷い見込みが立たないこと。
8 事実無根《じじつむこん》　全く事実に基づいていないこと。
9 心機一転《しんきいってん》　すっかり気持ちが変わること。
10 大器晩成《たいきばんせい》　大人物は遅れて大成すること。
11 沈思黙考《ちんしもっこう》　深く考え込むこと。
12 同床異夢《どうしょういむ》　共に行動しながら意見が違うこと。
13 不可抗力《ふかこうりょく》　人力では防ぎようがないこと。
14 抱腹絶倒《ほうふくぜっとう》　ひっくり返るほど大笑いすること。
15 名実一体《めいじついったい》　評判と実際が合っていること。
16 問答無用《もんどうむよう》　論議しても無益なこと。
17 力戦奮闘《りきせんふんとう》　力を尽くして戦うこと。
18 人面獣心《じんめんじゅうしん》　恩義や人情を知らない人。

第12日 (3)

書き取り

時間20分 合格35

得点 1回目 /50 2回目 /50

● 次の——線のカタカナを漢字に直せ。

1 彼はツウヤクの仕事をしている。
2 ジュウオウに走る高速道路。
3 彼はドキョウのある男だ。
4 シュウノウ家具を買った。
5 先生がテンコして人数を数える。
6 海外でのリュウガク経験がある。
7 ゲキジョウで名演技を鑑賞する。
8 保護者のフタンが大きくなる。
9 彼の死にはショセツが乱れ飛ぶ。
10 カクセイキを使って大勢に話す。
11 老後を暮らすにサイテキな所だ。
12 キジュツ式の設問に答える。
13 彼がタントウした仕事が終わる。
14 機運がセイジュクするのを待つ。
15 カミツなスケジュールをこなす。
16 寺にサンパイして祈願する。
17 本のネダンをもう少し下げる。
18 家族の心情をスイサツしてくれ。
19 逆転無罪のハンケツが下される。
20 小学生がケンチョウを見学する。
21 ジュウライはなかった傾向だ。
22 祖父のイヒンを整理して分ける。

解答

1 通訳
2 縦横
3 度胸
4 収納
5 点呼
6 留学
7 劇場
8 負担
9 諸説
10 拡声器
11 最適
12 記述
13 担当
14 成熟
15 過密
16 参拝
17 値段
18 推察
19 判決
20 県庁
21 従来
22 遺品

23 ゲキリュウを下るいかだに乗る。
24 彼は優れたシシツを持っている。
25 真珠《じゅ》は海のホウセキと言われる。
26 私鉄エンセンに住まいがある。
27 会のソンゾクをかけて話し合う。
28 ジョウキ機関車に乗りたい。
29 白バイがセンドウするマラソン。
30 マキジャクを使って長さを測る。
31 魚のホネがのどにささって痛い。
32 ここから眺《なが》めるケシキが最高だ。
33 ほらアナには生き物がいた。
34 気温が下がり池に厚い氷がハる。
35 稲を育てるため田に水をソソぐ。
36 この問題はかなりヤサしい。

37 うまくいくかどうかタメす。
38 ウメボしをご飯にのせる。
39 彼を候補者にオしている人物だ。
40 君の優しさがトざした心を開く。
41 彼は私の父を師とウヤマう。
42 仕上がり品から不良品をノゾく。
43 掃《そう》除機で細かいごみをスい込む。
44 たんぽぽのワタ毛が風に舞う。
45 十のクライの足し算をする。
46 ようやくカリの住まいを離れた。
47 コロモ替えの季節がやってきた。
48 母あての郵便コヅツミが届く。
49 荒い使い方で道具をイタめる。
50 クダモノはビタミンが豊富だ。

23 激流 24 資質 25 宝石 26 沿線 27 存続 28 蒸気 29 先導 30 巻(き)尺 31 骨 32 景色 33 穴 34 張 35 注 36 易

37 試 38 梅干 39 推 40 閉 41 敬 42 除 43 吸 44 綿 45 位 46 仮 47 衣 48 小包 49 傷 50 果物

第13日 (1)

読み

時間 15分　合格 35

得点　1回目　/50　2回目　/50

● 次の——線の読みをひらがなで記せ。

1 互角に戦った試合だった。
2 私は右手の握力が弱い。
3 添乗員として旅行の案内をする。
4 瞬時にして希望も消え失《う》せた。
5 彼岸の中日が秋分の日だ。
6 建物を占拠して騒ぎたてる。
7 円盤のような物体が空を飛ぶ。
8 町全体で禁煙の取り組みをした。
9 古い習慣を踏襲している。
10 大惨事にならずにすんだ。
11 お菓子の食べ過ぎに注意しよう。
12 震災の恐怖から立ち直る。
13 舗装された道路で自転車に乗る。
14 丹精込めて咲かせた花を贈る。
15 あなたの訪問を歓待するよ。
16 ガラスの破片が飛び散っている。
17 脂肪を燃焼させる運動をする。
18 継続は力なりと人は言う。
19 食塩水の濃度を調べる。
20 彼は芸術界の鬼才と呼ばれる。
21 説明を聞いて不安が増幅した。
22 すさまじい惨状が目の前にある。

解答

1 ごかく
2 あくりょく
3 てんじょう
4 しゅんじ
5 ひがん
6 せんきょ
7 えんばん
8 きんえん
9 とうしゅう
10 さんじ
11 かし
12 しんさい
13 ほそう
14 たんせい
15 かんたい
16 はへん
17 しぼう
18 けいぞく
19 のうど
20 きさい
21 ぞうふく
22 さんじょう

23 少女は小さい髪飾りを付けていた。
24 水道管が破裂《れつ》して地盤沈下する。
25 友は豪快な笑いとともに現れた。
26 詳報は追ってお届けします。
27 一躍脚光を浴びることとなった。
28 趣向をこらした作品ができ上がる。
29 会場には怒号が乱れ飛んだ。
30 砂丘でらくだに乗る。
31 敏速な対応で無事解決する。
32 制御装置がうまく作動しない。
33 交通事故の目撃者をさがす。
34 淡い色のセーターを着る。
35 文章の要旨をまとめて発表する。
36 連絡網で明日の予定を回す。

37 私は腕白な子どもであった。
38 料金を払って映画を鑑賞する。
39 雨の滴がしたたり落ちる。
40 少女が野の花を摘んでいる。
41 彼の訴えは退けられた。
42 沼に咲く白い花がきれいだ。
43 繰り上げ当選で議員となる。
44 新しい畳と取り替える。
45 狭い部屋にいつも座っている。
46 斜め向こうの家が私の実家だ。
47 優れた芸術に触れる機会を得る。
48 娘の結婚を心から祝福する。
49 趣のある庭がある家が欲しい。
50 一番奥に私の部屋がある。

23 かみかざ
24 ちんか
25 ごうかい
26 しょうほう
27 きゃっこう
28 しゅこう
29 どごう
30 さきゅう
31 びんそく
32 せいぎょ
33 もくげき
34 あわ
35 ようし
36 れんらくもう

37 わんぱく
38 はら
39 しずく
40 つ
41 うった
42 ぬま
43 く
44 たたみ
45 せま
46 なな
47 ふ
48 むすめ
49 おもむき
50 おく

第13日 (2) 漢字識別、誤字訂正

時間20分 合格23
得点
1回目 /32
2回目 /32

● 次の1～5の三つの□に共通する漢字を入れて熟語を作れ。漢字は下のア～コから一つ選び、記号で答えよ。

(1)

1 □護・紹□・□入
2 □攻・勇□・□暑
3 機□・□妙・□量
4 影□・音□・反□
5 起□・病□・□柱

ア 介	ウ 救	オ 会	キ 猛	ケ 響
イ 床	エ 微	カ 感	ク 気	コ 速

(2)

1 □出・□発・指□
2 □息・感□・□願
3 絶□・岩□・□新聞
4 情□・□意・□味
5 □上・前□・用□

ア 悲	ウ 対	オ 壁	キ 途	ケ 嘆
イ 摘	エ 趣	カ 愛	ク 突	コ 頂

(3)

1 □動・不□・□興
2 脱□・売□・□下
3 □然・□音・物□
4 □得・捕□・□物
5 □群・海□・選□

ア 安	ウ 抜	オ 却	キ 人	ケ 作
イ 獲	エ 会	カ 振	ク 騒	コ 辺

(4)

1 □烈・□度・生□
2 記□・追□・□測
3 海□・□辺・砂□
4 □指・□服・退□
5 □白・手□・□前

ア 温	ウ 腕	オ 地	キ 口	ケ 述
イ 鮮	エ 浜	カ 洋	ク 憶	コ 屈

解答

(1) 1 ア 2 キ 3 エ 4 ケ 5 イ
(2) 1 イ 2 ケ 3 オ 4 エ 5 キ
(3) 1 カ 2 オ 3 ク 4 イ 5 ウ
(4) 1 イ 2 ケ 3 エ 4 コ 5 ウ

● 次の各文にまちがって使われている同じ読みの漢字が一字ある。上に誤字を、下に正しい漢字を記せ。

1 飛行機を装縦中の機長に到着地の気象情報が詳細に報告された。

2 決勝戦の相手校は強適であったが、終盤に追い上げて勝利を収めた。

3 報道機関の大方の予想を裏切って、事件は意外な方向に進典した。

4 都市周辺では人口が殖える傾向にあり、地価も軒並み上がっている。

5 仕事が相当な付担になり、精神的疲労を訴える従業員が多くなった。

6 現在の計画とは別途に、情勢の推移を見極めた復案を持っている。

7 冷蔵庫での長期補存が可能な製品を販売して多額の収益があった。

8 総選挙の候捕者に名前が挙がったが、党派の賛同が得られなかった。

9 地震時の避難態勢を構築するため、防災の専問家を講師に招いた。

10 社の命運をかけての背水の陣であり、もはや再考の予地はない。

11 すべての人員が有機的に動けるような効律の良い作業方法を見いだす。

12 図書館で郎読会を開催するので、関心のある方は参加してください。

解答

1 装・操
2 適・敵
3 典・展
4 殖・増
5 付・負
6 復・腹
7 補・保
8 捕・補
9 問・門
10 予・余
11 律・率
12 郎・朗

第13日 (3)

書き取り

時間20分 合格35

得点 1回目 /50 2回目 /50

● 次の――線のカタカナを漢字に直せ。

1 ドクジに開発した技術を持つ。
2 ゴカイのないようにしてほしい。
3 人間のソンゲンは守るべきだ。
4 ノウを活性化するトレーニング。
5 サンピ同数で議長採決となる。
6 電車のテイキケンを購《こう》入する。
7 生存キョウソウに巻き込まれる。
8 セイゾウ年月日を明記した商品。
9 シュウガク予定の子どもがいる。
10 キキを脱出して元気を取り戻《もど》す。
11 彼の意見にイロンはない。
12 道路のカクチョウ工事が始まる。
13 ブッシツ文明の中で育ってきた。
14 サイバンショの公判を傍聴《ちょう》する。
15 ハンチョウとして皆をまとめる。
16 琴《こと》のエンソウ会を企《き》画する。
17 壊れたラジオをシュウリする。
18 父は家業にセンネンしてきた。
19 私にとってこの仕事はクツウだ。
20 人が殺到し現場がコンランした。
21 キショウの荒い青年を指導する。
22 ソウリツ百周年を迎える。

解答

1 独自　2 誤解　3 尊厳　4 脳　5 賛否　6 定期券　7 競争　8 製造　9 就学　10 危機　11 異論
12 拡張　13 物質　14 裁判所　15 班長　16 演奏　17 修理　18 専念　19 苦痛　20 混乱　21 気性　22 創立

23 カンガイで農作物が育たない。
24 人気作家のコテンが開催《さい》される。
25 ジシャクを使って方位を調べる。
26 ダントウでストーブが売れない。
27 会議はジョマクから荒れていた。
28 自然のホウソクに逆らうな。
29 試合は相手がユウセイであった。
30 新しいリョウイキを開拓する。
31 防災袋《ぶくろ》を作って地震にソナえる。
32 鏡に映るスガタを眺《なが》める。
33 病室のマドベに美しい花を置く。
34 あいさつをノべた後で始めよう。
35 すばらしい村をオトズれた。
36 ヒえたビールでのどを潤《うるお》す。

37 この道を行くと高野山《こうやさん》にイタる。
38 いつも室内を二十八度にタモつ。
39 カロやかな足音で帰ってきた。
40 人をウラギる行動はやめよう。
41 畜《ちく》産業がサカんな県を調べる。
42 命の大切さをトいて回る。
43 馬が興奮してアバれ回る。
44 友人の親切にムクいる。
45 桃を二つにワって食べよう。
46 会議の開催がアヤぶまれる。
47 マイゴになった子を預かる。
48 クレナイ色はベニバナで染める。
49 彼のスガオはまだわからない。
50 父のユイゴンに従い処理した。

23 干(寒)害	24 個展	25 磁石	26 暖冬	27 序幕	28 法則	29 優勢	30 領域	31 備	32 姿	33 窓辺	34 述	35 訪	36 冷
37 至	38 保	39 軽	40 裏切	41 盛	42 説	43 暴	44 報	45 割	46 危	47 迷子	48 紅	49 素顔	50 遺言

第14日(1) 読み

時間 15分 合格 35

得点 1回目 /50 2回目 /50

● 次の——線の読みをひらがなで記せ。

1 経済力で他を圧倒している。
2 悲惨な情景を目の当たりにする。
3 極秘で進められてきた取り組みだ。
4 濃霧注意報が発令される。
5 大会は盛況のうちに終了《りょう》した。
6 明日の夜に儀式は行われる。
7 私の自慢は元気な歌声だ。
8 本校の光輝ある伝統を守りたい。
9 石ころにつまずいて転倒する。
10 この道の先駆者として名高い。
11 遠慮なく意見を言ってください。
12 まぐろの養殖に成功する。
13 参加者の中に同姓の人がいる。
14 活動は休眠状態である。
15 情報網が張り巡らされている。
16 珍獣としてリストアップされる。
17 立山《たてやま》連峰は北アルプスにある。
18 間違った箇所を点検する。
19 黙想する時間を設けている。
20 丹念に練り上げた土で器を焼く。
21 区域内を巡視して指導する。
22 遠足に児童を引率する。

解答

1 あっとう
2 ひさん
3 ごくひ
4 のうむ
5 せいきょう
6 ぎしき
7 じまん
8 こうき
9 てんとう
10 せんく
11 えんりょ
12 ようしょく
13 どうせい
14 きゅうみん
15 じょうほうもう
16 ちんじゅう
17 れんぽう
18 かしょ
19 もくそう
20 たんねん
21 じゅんし
22 いんそつ

23 この会の趣旨に賛同する。
24 大きな波紋を呼びそうだ。
25 沼を干拓して耕地にする。
26 盆地の夏はとても暑い。
27 あなたの近況を伝えてほしい。
28 敏腕記者として活躍する。
29 新鮮な野菜を料理に使う。
30 二人で突堤まで散歩する。
31 父から財産を贈与される。
32 試験に受かって有頂天になる。
33 彼は恵まれた体格の持ち主だ。
34 怒りとともにあきらめが渦《うず》巻く。
35 朝までぐっすりと眠る。
36 雷が鳴って大雨が降る。

37 誕生日に贈られた花束が美しい。
38 敵の動静を秘かに探る。
39 締《し》め切りが明日に迫っている。
40 彼は腹痛を訴えたようだ。
41 太陽が西の山に沈む。
42 繰り上がりの足し算が苦手だ。
43 盾で自分の体をかばう。
44 もはや心配には及ばない。
45 空いている席から詰めて座る。
46 エッフェル塔はパリの名所だ。
47 鉛色の空から雨が降り始める。
48 氷水に手を浸して冷やすとよい。
49 矛先が我々に向かってきた。
50 寺の境内でかくれんぼをする。

---

23 しゅし
24 はもん
25 かんたく
26 ぼんち
27 きんきょう
28 びんわん
29 しんせん
30 とってい
31 ぞうよ
32 うちょうてん
33 めぐ
34 いか
35 ねむ
36 かみなり

37 おく
38 さぐ
39 せま
40 うった
41 しず
42 く
43 たて
44 およ
45 つ
46 とう
47 なまりいろ
48 ひた
49 ほこさき
50 けいだい

第14日 (2)

部首、対義語・類義語

時間 20分
合格 26

得点
1回目 ／36
2回目 ／36

● 次の漢字の部首をア～エから一つ選び、記号で答えよ。

□ 1 務（ア マ　イ 矛　ウ 夂　エ 力）
□ 2 離（ア 亠　イ 凵　ウ 冂　エ 隹）
□ 3 威（ア 厂　イ 一　ウ 女　エ 戈）
□ 4 朱（ア ノ　イ 一　ウ 木　エ 牛）
□ 5 薪（ア 艹　イ 立　ウ 木　エ 斤）
□ 6 隣（ア 阝　イ 米　ウ 夕　エ 舛）
□ 7 影（ア 日　イ 亠　ウ 小　エ 彡）
□ 8 執（ア 土　イ 干　ウ ノ　エ 丶）
□ 9 扇（ア 一　イ 戸　ウ 尸　エ 羽）
□ 10 秀（ア ノ　イ 木　ウ 禾　エ 一）
□ 11 暦（ア 厂　イ 木　ウ 麻　エ 日）
□ 12 弟（ア 丶　イ 亅　ウ 弓　エ ノ）
□ 13 紫（ア 止　イ 匕　ウ 幺　エ 糸）
□ 14 画（ア 一　イ 田　ウ 凵　エ 口）
□ 15 児（ア 丨　イ 日　ウ ノ　エ 儿）
□ 16 密（ア 宀　イ 心　ウ 山　エ ノ）
□ 17 唐（ア 广　イ 口　ウ 亠　エ 一）
□ 18 却（ア 卩　イ 土　ウ ム　エ 亅）

解答

1	2	3	4	5	6	7	8	9
エ	エ	ウ	ウ	ア	ア	エ	ア	イ

10	11	12	13	14	15	16	17	18
ウ	エ	ウ	エ	イ	エ	ア	イ	ア

● 後の□内のひらがなを漢字に直して□に入れ、対義語・類義語を作れ。□内のひらがなは一度だけ使い、一字記せ。

対義語

1 起床 ― □寝
2 決定 ― 保□
3 質疑 ― □答
4 短縮 ― □長
5 難解 ― 平□
6 分離 ― □合
7 利益 ― □失
8 親切 ― □淡
9 消費 ― □蓄

類義語

10 価格 ― □段
11 屈指 ― 抜□
12 最高 ― □上
13 周到 ― □密
14 長者 ― □豪
15 手本 ― □範
16 反撃 ― □襲
17 変更 ― □定
18 用心 ― □戒

い・えん・おう・かい・ぎゃく・ぐん・けい・けつ・しゅう・そん・ちょ・ね・ふ・めん・も・りゅう・れい

解答

1 就　2 留　3 応　4 延　5 易　6 結　7 損　8 冷　9 貯
10 値　11 群　12 至　13 綿　14 富　15 模　16 逆　17 改　18 警

第14日(3)

書き取り

時間20分 合格35

得点 1回目 /50 2回目 /50

● 次の——線のカタカナを漢字に直せ。

1 開発計画をスイシンしていく。
2 男女コンゴウでチームを作る。
3 業務にシショウをきたすほどだ。
4 記憶のダンペンに残っている。
5 がまんするにもゲンドがある。
6 オリンピックのセイカが灯《とも》る。
7 契《けい》約書の内容をショウニンする。
8 キョウドの英雄として知られる。
9 サンミの強いコーヒーが好みだ。
10 企《き》業からテイキョウされた商品。
11 コウシとして大学で働く。
12 車内は土足ゲンキンである。
13 ピアノのドクソウを披《ひ》露する。
14 父からデンジュされた芸を守る。
15 フクソウを整えて会場に向かう。
16 シュウロクした番組を再生する。
17 テンラン会に油絵を出品する。
18 白蛇《しろへび》は神のケシンだと言う。
19 感想をカンケツにまとめなさい。
20 ショウグンとして活躍した人物。
21 彼の関与はヒテイできない。
22 テキドな運動は体にとてもよい。

解答

1 推進
2 混合
3 支障
4 断片
5 限度
6 聖火
7 承認
8 郷土
9 酸味
10 提供
11 講師
12 厳禁
13 独奏
14 伝授
15 服装
16 収録
17 展覧
18 化身
19 簡潔
20 将軍
21 否定
22 適度

23 朝散歩するシュウカンがある。
24 ジュンジョウな性格が初々《ういうい》しい。
25 演出にソウイをこらした劇だ。
26 危険ボウシのため囲いをする。
27 貴重なエイゾウが公開される。
28 ユウソウで荷物を息子に送る。
29 警察で身元をカクニンする。
30 インサツされたばかりの本だ。
31 リンジ列車に乗り現地に向かう。
32 デザインがクフウされている。
33 ミキのしっかりした大木だ。
34 彼にマカすとうまくいくよ。
35 ライオンのムれに取り囲まれた。
36 何気ない言葉でキズつく。

37 父は金物屋をイトナんでいる。
38 カワのかばんを持ち歩いている。
39 スジミチを立てて話すとよい。
40 夕日にハえるいちょうの木。
41 着物に合わせてオビを新調する。
42 スガタミで髪型を整える。
43 二時間かかって難問をトく。
44 休日を過ごして英気をヤシナう。
45 大軍をヒキいて戦地に赴《おもむ》く。
46 子どもだけの海遊びはアブない。
47 医学をココロザす人間となる。
48 犬がよだれをタらして近づいた。
49 おマネきにあずかり、光栄です。
50 人々はワレサキにと会場を出た。

23 習慣　24 純情　25 創意　26 防止　27 映像　28 郵送　29 確認　30 印刷　31 臨時　32 工夫　33 幹　34 任　35 群　36 傷

37 営　38 革　39 筋道　40 映　41 帯　42 姿見　43 解　44 養　45 率　46 危　47 志　48 垂　49 招　50 我先

第15日 (1)

読み

時間15分 合格35

得点 1回目 /50 2回目 /50

●次の——線の読みをひらがなで記せ。

1 期限までに本を**返却**しなさい。
2 **巨費**を投じて再開発を行う。
3 私にもチャンスが**到来**した。
4 **雨滴**が軒先にしたたり落ちる。
5 授業を終えて**帰途**につく。
6 甘い**香気**を放つ花が飾られる。
7 **劣悪**な環境の中で育つ。
8 雲によって日光が**陰**り始めた。
9 **濃密**な味のジュースを飲む。
10 **号砲**とともに全員走り出した。
11 金の**威力**はとてもおそろしい。
12 相手を**打倒**する勢いで臨む。
13 数々の失敗、**汗顔**の至りです。
14 経済の世界にも**触手**を伸《の》ばす。
15 救命**胴衣**を着けて船に乗る。
16 民法で**占有**権が保障されている。
17 **筆舌**に尽くしがたい風景だ。
18 明治**維新**により幕府が倒れた。
19 大学で**幾何学**を専攻している。
20 弟とテレビで**格闘技**を見る。
21 有名な画家の**素描**を購《こう》入する。
22 彼と私とは**師弟**関係にある。

解答

1 へんきゃく
2 きょひ
3 とうらい
4 うてき
5 きと
6 こうき
7 れつあく
8 かげ
9 のうみつ
10 ごうほう
11 いりょく
12 だとう
13 かんがん
14 しょくしゅ
15 どうい
16 せんゆう
17 ひつぜつ
18 いしん
19 きかがく
20 かくとうぎ
21 そびょう
22 してい

23 排《はい》気ガスで大気が**汚染**される。
24 彼は**珍妙**な格好で現れた。
25 部員たちは初優勝に**狂喜**した。
26 彼はケンという**愛称**で呼ばれる。
27 日本経済は**低迷**している。
28 最近父はジャズに**傾倒**している。
29 **不屈**の精神で困難を乗り越えた。
30 **縁起**でもないことを言うな。
31 一夜のうちに本国は**襲撃**された。
32 心配しすぎて**毛髪**が抜けた。
33 **環状**線に乗って天王寺《てんのうじ》へ行く。
34 トラックに商品を**満載**する。
35 ラーメン屋は町内に**数軒**ある。
36 交通違反をして**罰則**金を払う。
37 彼らは互いに**舌戦**を繰り広げた。
38 **汗水**たらしてまじめに働く。
39 **落雷**のため辺りが停電する。
40 だれかが口ずさむ**舟歌**が聞こえる。
41 **離**れ島でキャンプをしよう。
42 柱と柱の間が**透**いている。
43 **淡雪**が積もる夜に出て行った。
44 祖母はつえを**突**いて買い物に行く。
45 ライオンがシマウマを**捕**らえる。
46 今日はみんなで**芋掘**りをしよう。
47 **胸騒**ぎがしてなかなか眠れない。
48 **尾頭**付きの魚を食卓《たく》に並べる。
49 朝から**霧雨**が降っている。
50 今年は好天が続き、**作柄**がよい。

---

23 おせん
24 ちんみょう
25 きょうき
26 あいしょう
27 ていめい
28 けいとう
29 ふくつ
30 えんぎ
31 しゅうげき
32 もうはつ
33 かんじょう
34 まんさい
35 すうけん
36 ばっそく
37 ぜっせん
38 あせみず
39 らくらい
40 ふなうた
41 はな
42 す
43 あわゆき
44 つ
45 と
46 いもほ
47 むなさわ
48 おかしら
49 きりさめ
50 さくがら

第15日 (2)

同音・同訓異字、四字熟語

時間20分　合格26　得点　1回目　/36　2回目　/36

● 次の——線のカタカナにあてはまる漢字をそれぞれのア～オから一つ選び、記号で答えよ。

1 この話題はサけたほうがよかろう。
2 時計の針が十時をサしている。
3 布にサした針に気をつけましょう。
（ア指　イ射　ウ避　エ刺　オ裂）

4 ピカソの生タン地を訪れる。
5 タン正な顔立ちが印象的だ。
6 分タンして校舎を掃除《そう》する。
（ア誕　イ担　ウ丹　エ単　オ端）

7 食品テン加物を調べて報告する。
8 新たな局面がテン開する。
9 テン滅信号が青に変わる。
（ア点　イ転　ウ典　エ添　オ展）

10 リーダーがエイ断を下す。
11 彼のエイ誉をたたえて表彰《しょう》する。
12 彼女は新進気エイのデザイナーだ。
（ア衛　イ栄　ウ英　エ鋭　オ営）

13 コい色の洋服がよく似合う。
14 口がコえた彼には不満だろう。
15 国境をコえて亡命する。
（ア肥　イ越　ウ超　エ込　オ濃）

16 本会の趣シに賛同してほしい。
17 風シの効いた漫画を読む。
18 富士山《ふじさん》の雄シを見つめる。
（ア姿　イ刺　ウ旨　エ示　オ誌）

解答

1 ウ　2 ア　3 エ　4 ア　5 オ　6 イ　7 エ　8 オ　9 ア
10 ウ　11 イ　12 エ　13 オ　14 ア　15 イ　16 ウ　17 イ　18 ア

● 文中の四字熟語の――線のカタカナを漢字に直せ。

1 事件の一部始ジュウを話す。

2 キ色満面で客を出迎える。

3 古銭を後ショウ大事にする。

4 反撃の好キ到来を待つ。

5 君は前ト有望な青年だ。

6 ハク利多売の方針で営業する。

7 彼はすっかり意気消チンした。

8 意味深チョウな言葉を聞く。

9 君の悩みも雲散ム消するよ。

10 発言は外交ジ令にすぎない。

11 疑心暗キを生ず。

12 私の成績は現状イ持だ。

13 針小ボウ大にかき立てた記事。

14 会議は即断即ケツだった。

15 どの意見も大同小イだ。

16 ニソク三文で引き取られる。

17 彼は忠告にも馬耳トウ風だ。

18 明キョウ止水の気持ちで待つ。

解答

1 一《いち》部《ぶ》始《し》終《じゅう》　事の始めから終わりまで。

2 喜《き》色《しょく》満《まん》面《めん》　喜びを顔全体に表すこと。

3 後《ご》生《しょう》大《だい》事《じ》　物事をいつまでも大切にすること。

4 好《こう》機《き》到《とう》来《らい》　よい機会がやってくること。

5 前《ぜん》途《と》有《ゆう》望《ぼう》　将来に見込みのあること。

6 薄《はく》利《り》多《た》売《ばい》　利益を薄くしてたくさん売ること。

7 意《い》気《き》消《しょう》沈《ちん》　元気をなくして沈み込むこと。

8 意《い》味《み》深《しん》長《ちょう》　意味が深く、含蓄があること。

9 雲《うん》散《さん》霧《む》消《しょう》　物事が一瞬に消えてなくなること。

10 外《がい》交《こう》辞《じ》令《れい》　口先だけのお世辞。

11 疑《ぎ》心《しん》暗《あん》鬼《き》　疑わしく恐ろしく思うこと。

12 現《げん》状《じょう》維《い》持《じ》　現在の状態を持ち続けること。

13 針《しん》小《しょう》棒《ぼう》大《だい》　物事を大げさに言うこと。

14 即《そく》断《だん》即《そっ》決《けつ》　即座に決断・解決すること。

15 大《だい》同《どう》小《しょう》異《い》　似たり寄ったり。

16 二《に》束《そく》三《さん》文《もん》　極端に安い値段。

17 馬《ば》耳《じ》東《とう》風《ふう》　人の意見や批評を聞き流すこと。

18 明《めい》鏡《きょう》止《し》水《すい》　邪念《じゃねん》がなく、静かに澄んだ心境。

第15日 (3)

書き取り

時間20分 合格35

得点 1回目 /50 2回目 /50

● 次の――線のカタカナを漢字に直せ。

1 親は子を就学させるギムがある。
2 亡き人を思うショウシンの日々。
3 若者にゼツダイな人気がある。
4 カコを振り返る余裕《ゆう》はない。
5 この金属はジキを帯びている。
6 出火の原因をスイテイする。
7 オウタイしたのは社長秘書だ。
8 木造のコウシャが懐《なつ》かしい。
9 古代のチソウから発掘した化石。
10 これはアクムのような出来事だ。
11 ソロバン塾《じゅく》にゲッシャを払う。
12 毎月、体重をソクテイしている。
13 委員長としてのセキムを負う。
14 被告人のベンゴを引き受ける。
15 設置キジュンに達した製品だ。
16 長時間セイザしたので足が痛い。
17 自らの無実をシュチョウした。
18 環境問題についてコウエンする。
19 店を持つだけのシリョクがない。
20 彼のテイゲンは却下された。
21 足のカンセツに痛みが走る。
22 無理をショウチで頼んでいる。

解答

1 義務　2 傷心　3 絶大　4 過去　5 磁気　6 推定　7 応対　8 校舎　9 地層　10 悪夢　11 月謝
12 測定　13 責務　14 弁護　15 基準　16 正座　17 主張　18 講演　19 資力　20 提言　21 関節　22 承知

23 イッピョウでも多ければ当選だ。
24 国民フザイの政治は改めよう。
25 ようやく人質がカイホウされた。
26 我々はこれでタイサンしよう。
27 系列会社をシハイする勢いだ。
28 健康のためトウブンは控《ひか》えよう。
29 兄弟でカブシキ会社を設立する。
30 完成記念にショクジュを行う。
31 台風で壁が一部ハソンした。
32 沼で水生植物のグンラクを見る。
33 恩師に身元ホショウ人を頼んだ。
34 彼はザイガク中に合格した。
35 この遊びは危険なヨウソを含む。
36 ヒジョウに長い廊《ろう》下が特徴的だ。

37 キンカクジは世界遺産である。
38 テレビドラマをロクガする。
39 ヤチンを払って入居した。
40 君の希望にオウじるのは無理だ。
41 実家からニモツが届けられる。
42 カイコを育てて、生糸をとる。
43 彼との約束をハたしたいと思う。
44 サクラの花びらが舞っている。
45 ムナモトが開いたシャツを着る。
46 タヨりがないのは元気な証拠だ。
47 子どもにマカせるのも大切だ。
48 皆が安心できるよう気をクバる。
49 朝はナマタマゴを一個食べる。
50 五時をスぎると暗くなってくる。

23 一票
24 不在
25 解放
26 退散
27 支配
28 糖分
29 株式
30 植樹
31 破損
32 群落
33 保証
34 在学
35 要素
36 非常

37 金閣寺
38 録画
39 家賃
40 応
41 荷物
42 蚕
43 果
44 桜
45 胸元
46 便
47 任
48 配
49 生卵
50 過

第16日 (1)

読み

時間 15分
合格 35

得点
1回目 /50
2回目 /50

● 次の――線の読みをひらがなで記せ。

1 店が営業**不振**にあえいでいる。
2 最下位の**汚名**を返上したい。
3 これは**人為的**に作られた品種だ。
4 メロスは暴君に**激怒**した。
5 **洗剤**を川に流してはいけない。
6 母は昔から**援護**活動をしている。
7 父は**漁網**を使って魚を捕る。
8 国有地が民間に**売却**される。
9 **柔順**な態度で人に接していた。
10 将来は**為政**者として活躍したい。
11 雑誌にエッセイを**寄稿**する。
12 ここは河岸**段丘**が広がっている。
13 地震で道が**損壊**して通行禁止だ。
14 彼は**毒舌家**として有名な人だ。
15 給食を**運搬**する仕事をしている。
16 **誇大**広告が問題になる。
17 兄は**交響**楽団に所属している。
18 彼は**僧衣**を着てやって来た。
19 彼の活躍に**歓声**をあげて喜んだ。
20 このところ景気が**低迷**している。
21 **飾**り付けは君に頼むよ。
22 古墳《ふん》の中が**盗掘**されている。

解答

1 ふしん
2 おめい
3 じんいてき
4 げきど
5 せんざい
6 えんご
7 ぎょもう
8 ばいきゃく
9 じゅうじゅん
10 いせい
11 きこう
12 だんきゅう
13 そんかい
14 どくぜつか
15 うんぱん
16 こだい
17 こうきょう
18 そうい
19 かんせい
20 ていめい
21 かざ
22 とうくつ

23 高慢な態度は人にきらわれる。
24 陰影をつけ、立体感を出す。
25 不正を黙認するわけにはいかぬ。
26 大水で橋脚が流される。
27 とても奇妙な現象が起こった。
28 講演会を来週に繰り延べたい。
29 彼女は砲丸投げの選手だ。
30 影絵による劇を鑑賞する。
31 わが子を烈火のごとく怒った。
32 反抗して言うことを聞かない。
33 耳鼻科に行って手術をする。
34 慢性の胃病に悩まされる。
35 悲しい場面で思わず落涙する。
36 微妙な色づかいの服を着こなす。
37 熱帯では雨季と乾季に分かれる。
38 素性がわからない怪しい人物。
39 ウサギがぴょんぴょん跳ねている。
40 これほど不出来とは嘆かわしい。
41 そろそろ本腰を入れて取り組め。
42 網戸をきれいに掃《そう》除する。
43 疲れたのでいすに座る。
44 費用は幾らかかるかわからない。
45 とげが刺さって痛い。
46 がんばり屋をクラス委員に推す。
47 車の車輪の跡が残っている。
48 高校を卒業して仕事に就く。
49 波間に浮かぶヤシの実を拾う。
50 紫色をしたあじさいが咲いた。

23 こうまん
24 いんえい
25 もくにん
26 きょうきゃく
27 きみょう
28 く
29 ほうがん
30 かげえ
31 れっか
32 はんこう
33 じびか
34 まんせい
35 らくるい
36 びみょう
37 かんき
38 すじょう
39 は
40 なげ
41 ほんごし
42 あみど
43 すわ
44 いく
45 さ
46 お
47 あと
48 つ
49 う
50 むらさき

第16日 (2)

漢字識別、誤字訂正

時間 20分
合格 23

得点
1回目 /32
2回目 /32

● 次の1～5の三つの□に共通する漢字を入れて熟語を作れ。漢字は下のア～コから一つ選び、記号で答えよ。

(1)

1 肩□・増□・□員
2 □突・□草・□詩
3 □礼・□視・一□
4 □本・□力・失□
5 □圧・□勢・権□

ア 巡　イ 大
ウ 幅　エ 追
オ 途　カ 威
キ 基　ク 唐
ケ 脚　コ 性

(2)

1 □久・□星・□例
2 記□・積□・連□
3 □作・□抜・優□
4 □圧・□服・遠□
5 □産・卒□・打□

ア 遠　イ 秀
ウ 動　エ 倒
オ 載　カ 海
キ 征　ク 述
ケ 公　コ 恒

(3)

1 角□・□子・脱□
2 僧□・宿□・風来□
3 高□・自□・□心
4 諸□・一□・全□
5 □音・□水・清□

ア 漫　イ 般
ウ 帽　エ 門
オ 度　カ 坊
キ 慢　ク 楽
ケ 界　コ 濁

(4)

1 □示・□張・□大
2 □笛・□氷・朝□
3 実□・□性・□薬
4 開□・干□・魚□
5 □護・応□・支□

ア 指　イ 弾
ウ 霧　エ 所
オ 庫　カ 拓
キ 海　ク 誇
ケ 援　コ 露

解答

(1) 1 ウ　2 ク　3 ア　4 ケ　5 カ
(2) 1 コ　2 オ　3 イ　4 キ　5 エ
(3) 1 ウ　2 カ　3 キ　4 イ　5 コ
(4) 1 ク　2 ウ　3 イ　4 カ　5 ケ

● 次の各文にまちがって使われている同じ読みの漢字が一字ある。上に誤字を、下に正しい漢字を記せ。

1 駅伝大会の応援に駆けつけた観客が縁道で拍手を送る姿を中継する。

2 論文は枝葉よりも骨角に重きを置き、起承転結の展開を大事にしたい。

3 試合では常に平常心を心がけ、練習で修得した実力を発寄せよ。

4 従来の常識では想定外の画起的な発明であると評価された。

5 一気に勝負に出る策略を練ったが、墓欠を掘る結果に終わった。

6 近隣の偉跡から古代人の住居跡が発見され、全国紙が大きく報道した。

7 都合で事務所の住所を異転したので、電話連絡は当分の間できない。

8 峠道を下ると連続した尾根となり、急に左右の視開が広がった。

9 火急の際は多くの知恵を集め、冷静で的覚な判断が必要となる。

10 余りに努力不足で、試験に失敗するだろうことは想像に固くない。

11 多彩な継験が彼の身上であり、それを題材に執筆して出版した。

12 病気の知療に専念したいが、息子に任せた会社の経営が心配である。

解答

1 縁・沿
2 角・格
3 寄・揮
4 起・期
5 欠・穴
6 偉・遺
7 異・移
8 開・界
9 覚・確
10 固・難
11 継・経
12 知・治

第16日 (3)

書き取り

時間 20分 合格 35

得点 1回目 /50 2回目 /50

● 次の——線のカタカナを漢字に直せ。

1 キテイに従って数値を記入する。
2 自伝を書いてシュッパンする。
3 台風十号がセッキンしている。
4 ラストシーンがアッカンだった。
5 優勝シュクガ会が開かれる。
6 病院でイチョウの手術を受けた。
7 コウシュウ電話で救急車を呼ぶ。
8 ガンカを受診《しん》し、目薬をもらう。
9 シボウ校の入学試験を受ける。
10 この学説にはギモンがある。
11 電気ケイトウが故障したらしい。
12 ハツガした植物の観察を続ける。
13 カクギでこの政策は了《りょう》承された。
14 ミジュクな私を導いてくれた。
15 水質ケンサの結果は良好だった。
16 彼のニンムは薬品を運ぶことだ。
17 コウカな品物を女性に贈る。
18 彼はセイジカの道を歩き始めた。
19 オウダン歩道では手を挙げよう。
20 彼はドクシン生活が長い。
21 山のチョウジョウで休憩《けい》する。
22 体がだるく、ショクヨクもない。

解答

1 規定　2 出版　3 接近　4 圧巻　5 祝賀　6 胃腸　7 公衆　8 眼科　9 志望　10 疑問　11 系統

12 発芽　13 閣議　14 未熟　15 検査　16 任務　17 高価　18 政治家　19 横断　20 独身　21 頂上　22 食欲

23 事務所が駅前にイテンする。
24 父は先月禁煙をセンゲンした。
25 力が同じでショウブがつかない。
26 論文が雑誌のカントウを飾る。
27 シンケイの細やかな女性である。
28 キンシのため眼鏡をかけている。
29 父のテンキンで大阪《おおさか》へ行く。
30 申し立てに対してサイケツが下る。
31 服装で人をヒョウカするな。
32 ソザイを活《い》かしたおいしい料理。
33 画像をヘンシュウする。
34 シザイを投げ打って人を助ける。
35 彼が入り込めるヨチはない。
36 事故のフショウ者を病院へ運ぶ。

37 図書館でスウサツの本を借りる。
38 私は赤いヤネの家に住んでいる。
39 おだやかな生涯《がい》をオえる。
40 アツデの靴《くつ》下をはくとよい。
41 母は今月からツトめに出ている。
42 目標額をサダめて毎月貯金する。
43 ハナしガいの羊が遊んでいる。
44 並べてクラべると違いがわかる。
45 彼は今そろばんをナラっている。
46 インフレで貯金がメべりした。
47 カキトメ郵便で商品券を送る。
48 マゴの成長が本当に楽しみだ。
49 笑顔にスクわれた気がする。
50 桜島《さくらじま》のカザンバイが降ってきた。

23 移転
24 宣言
25 勝負
26 巻頭
27 神経
28 近視
29 転勤
30 裁決
31 評価
32 素材
33 編集
34 私財
35 余地
36 負傷

37 数冊
38 屋根
39 終
40 厚手
41 勤
42 定
43 放(し)飼
44 比
45 習
46 目減
47 書留
48 孫
49 救
50 火山灰

第17日 (1)

読み

時間 15分
合格 35
得点
1回目 /50
2回目 /50

● 次の――線の読みをひらがなで記せ。

1 未婚の女性がよく訪れる。
2 お心遣いを頂き、恐縮です。
3 山すそには扇状地が広がる。
4 祖父は刀剣を収集している。
5 心配事が多く安眠できない。
6 自動車が爆音とともに走り去る。
7 団体のあて名に「御中」とつける。
8 今日の出来事を日誌に記載する。
9 九月下旬には仕上がる予定だ。
10 家には雅趣をこらした庭がある。
11 筋書きが随《ずい》分脚色されている。
12 残念だが彼には後継者がいない。
13 だれからも援助は受けたくない。
14 勇ましい太鼓の音が聞こえる。
15 だれかもう片端を持ってください。
16 枯淡な水墨《ぼく》画を壁にかける。
17 思わず感嘆の声をあげる。
18 選挙戦もいよいよ終盤だ。
19 彼はガンを征圧して復帰した。
20 どうも話が飛躍しすぎる。
21 印鑑を持って銀行に出かける。
22 地域の振興のために役立てよう。

解答

1 みこん
2 きょうしゅく
3 せんじょうち
4 とうけん
5 あんみん
6 ばくおん
7 おんちゅう
8 きさい
9 げじゅん
10 がしゅ
11 きゃくしょく
12 こうけいしゃ
13 えんじょ
14 たいこ
15 かたはし
16 こたん
17 かんたん
18 しゅうばん
19 せいあつ
20 ひやく
21 いんかん
22 しんこう

□23 緯線は赤道に平行に引いた線だ。
□24 彼の作品は耳目を驚かした。
□25 選挙違反を摘発される。
□26 鋭角三角形の面積を計算する。
□27 空欄に感想を書き入れてください。
□28 半畳ほどの場所に品物を並べる。
□29 躍ったような文字で読みづらい。
□30 赤い登山帽がよく似合うよ。
□31 この項目にあてはめてまとめよ。
□32 会計監査のため書類を提出する。
□33 彼は五歳で初舞台を踏んだ。
□34 草稿ができたので見てほしい。
□35 友人の悲報を聞いて嘆息する。
□36 出土した土器の紋様を調べる。

□37 多くの問題を包含している。
□38 彼らは恋愛結婚だそうだ。
□39 河原でホタルの乱舞が見られる。
□40 花びらが風に舞ってきれいだ。
□41 彼は走り高跳びの選手だった。
□42 狂おしいほど恋いこがれる。
□43 彼は家業を継ぐべき男だ。
□44 薄味の料理は体によいそうだ。
□45 いつまでも甘えてはいけない。
□46 日替わり定食が用意されている。
□47 今日は彼女の涙雨が降っている。
□48 虫眼鏡で雌しべの観察をする。
□49 五月晴れの公園を散歩する。
□50 意気地なしの自分を悔《くや》しく思う。

23 いせん
24 じもく
25 てきはつ
26 えいかく
27 くうらん
28 はんじょう
29 おど
30 とざんぼう
31 こうもく
32 かんさ
33 ぶたい
34 そうこう
35 たんそく
36 もんよう

37 ほうがん
38 れんあい
39 らんぶ
40 ま
41 たかと
42 くる
43 つ
44 うすあじ
45 あま
46 ひが
47 なみだあめ
48 め
49 さつきば
50 いくじ

第17日 (2)

部首、対義語・類義語

時間 20分
合格 26

得点
1回目 /36
2回目 /36

● 次の漢字の部首をア〜エから一つ選び、記号で答えよ。

1 疲（ア 广　イ 疒　ウ 又　エ 皮）
2 獣（ア ⺍　イ 田　ウ 口　エ 犬）
3 贈（ア 貝　イ 八　ウ 田　エ 日）
4 閣（ア 門　イ 夕　ウ 夂　エ 口）
5 商（ア 亠　イ 冂　ウ 儿　エ 口）
6 盾（ア ノ　イ 一　ウ 十　エ 目）
7 躍（ア 止　イ 𧾷　ウ 羽　エ 隹）
8 砲（ア 口　イ 石　ウ 勹　エ 己）
9 鬼（ア 田　イ 儿　ウ 厶　エ 鬼）
10 御（ア 亻　イ 彳　ウ 止　エ 卩）
11 軒（ア 丨　イ 十　ウ 車　エ 干）
12 粒（ア 米　イ 十　ウ 亠　エ 立）
13 票（ア 一　イ 覀　ウ 示　エ 小）
14 筒（ア ⺮　イ 冂　ウ 一　エ 口）
15 傾（ア 亻　イ 匕　ウ 頁　エ 貝）
16 繁（ア 毋　イ 攵　ウ 幺　エ 糸）
17 賦（ア 貝　イ 止　ウ 二　エ 弋）
18 覧（ア 臣　イ 目　ウ 見　エ 儿）

解答

1 イ	2 エ	3 ア	4 ア	5 エ	6 エ	7 イ	8 イ	9 エ
10 イ	11 ウ	12 ア	13 ウ	14 ア	15 ア	16 エ	17 ア	18 ウ

● 後の□内のひらがなを漢字に直して□に入れ、対義語・類義語を作れ。□内のひらがなは一度だけ使い、一字記せ。

対義語

1 鋭敏 ― 鈍□
2 凶作 ― □作
3 歳末 ― □始
4 薄弱 ― □固
5 幼年 ― □齢
6 劣勢 ― □勢
7 禁止 ― □可
8 信用 ― □惑
9 閉鎖 ― □放

類義語

10 健康 ― 丈□
11 永眠 ― □界
12 考慮 ― 思□
13 素直 ― 従□
14 不在 ― □守
15 黙殺 ― 無□
16 離合 ― □散
17 誠意 ― □心
18 非凡 ― 抜□

あん・かい・ぎ・きょ・きょう・ぐん・し・しゅう・じゅう・じゅん・た・ねん・ぶ・ほう・ま・ゆう・る・ろう

解答

1 重　2 豊　3 年　4 強　5 老　6 優　7 許　8 疑　9 開
10 夫　11 他　12 案　13 順　14 留　15 視　16 集　17 真　18 群

第17日 (3)

書き取り

時間 20分
合格 35

得点
1回目 /50
2回目 /50

● 次の――線のカタカナを漢字に直せ。

1 この家は彼のセッケイによる。
2 彼にはドクトクの雰《ふん》囲気がある。
3 人口のゲンショウが課題だ。
4 父の仕事をソッセンして手伝う。
5 事件のヨウインを探っていく。
6 キュウキュウ車で病人を運ぶ。
7 悲しげなヒョウジョウをする人。
8 たいへんイギ深い仕事だと思う。
9 人家がミッシュウしている。
10 後期の授業料をノウニュウする。
11 当方にカシツはないと考える。
12 ガクシキ経験者の意見を聞く。
13 セントウで父の背中を流す。
14 ジュモクが美しい季節を迎えた。
15 健康診《しん》断のスウチが気になる。
16 同窓会でオンシに会えた。
17 君も社会をコウセイする一員だ。
18 起業するためにシホンを集める。
19 カンキが入り雪が降るだろう。
20 犯人逃亡のジョウホウが入る。
21 ケイロウの日は祖父母宅に行く。
22 彼はコウカンの持てる青年だ。

解答

1 設計
2 独特(得)
3 減少
4 率先
5 要因
6 救急
7 表情
8 意義
9 密集
10 納入
11 過失
12 学識
13 銭湯
14 樹木
15 数値
16 恩師
17 構成
18 資本
19 寒気
20 情報
21 敬老
22 好感

23 ヨビに少し余分に買っておく。
24 自家用車をテンケンしてもらう。
25 年中無休でエイギョウしている。
26 奈良《なら》のダイブツを見学する。
27 ホウサクを祈って皆で踊る。
28 ここは安売りがカンバンの店だ。
29 彼女はキンセイのとれた体型だ。
30 セイショを持って教会に行く。
31 シンソウ開店の広告を出した。
32 この本のチョシャは私の父だ。
33 四字ジュクゴを勉強しよう。
34 ジソンシンが傷つけられた。
35 プラスチックがレッカする。
36 事件の状況をサイゲンする。

37 フッキュウ作業は進まなかった。
38 母が使ったハリバコをもらった。
39 他人に金をカしてはならない。
40 目がサめるような色の洋服だ。
41 ツネに節約を心がけている。
42 彼はぽつりとヒトリゴトをいう。
43 休日はどのようにスごしますか。
44 規則をヤブってはならない。
45 料理の最後に砂糖をクワえる。
46 試合に勝つよう、作戦をネる。
47 うそから出たマコト。
48 オサナい子が公園で遊んでいる。
49 汗をかいたのでシャワーをアびた。
50 彼はキノウ旅立った。

23 予備
24 点検
25 営業
26 大仏
27 豊作
28 看板
29 均整
30 聖書
31 新装
32 著者
33 熟語
34 自尊心
35 劣化
36 再現

37 復旧
38 針箱
39 貸
40 覚
41 常
42 独(り)言
43 過
44 破
45 加
46 練
47 誠
48 幼
49 浴
50 昨日

第18日 (1)

読み

時間 15分
合格 35

得点
1回目 /50
2回目 /50

● 次の――線の読みをひらがなで記せ。

1 露天ぶろに入って体を休める。
2 知人がやっと釈放された。
3 微粒子の薬を飲む。
4 公安委員会から交付される鑑札。
5 いかにも作為的な文章だ。
6 制服の販売をしている店に行く。
7 家のローンがやっと皆済した。
8 妙齢の女性とともにやって来た。
9 二人は暗黙のうちに了《りょう》解した。
10 浸食作用で岩が削《けず》られる。
11 堅実な働きぶりが認められる。
12 自分の優柔不断な性格がいやだ。
13 未開のジャングルを踏破する。
14 奇襲をかけて敵を攻撃する。
15 陰気くさい部屋に閉じこもる。
16 この事件に関与しているらしい。
17 大金を稼《かせ》いで豪勢に遊びまわる。
18 強烈なにおいがして苦しい。
19 需給のバランスが何より大事だ。
20 端末機にデータを入力する。
21 鉄塔に登って作業をする。
22 越境入学が特別に許される。

解答

1 ろてん
2 しゃくほう
3 びりゅうし
4 かんさつ
5 さくい
6 はんばい
7 かいさい
8 みょうれい
9 あんもく
10 しんしょく
11 けんじつ
12 ゆうじゅう
13 とうは
14 きしゅう
15 いんき
16 かんよ
17 ごうせい
18 きょうれつ
19 じゅきゅう
20 たんまつ
21 てっとう
22 えっきょう

□23 民衆を扇動して暴動を起こす。
□24 偉大な人物としてほめたたえる。
□25 人間の生殖について学習をする。
□26 僧坊での生活は質素だ。
□27 縁談がとんとん拍子にまとまる。
□28 害虫を駆除するため薬品をまく。
□29 見捨てていくなんて薄情者だ。
□30 甘味料として水あめを使用する。
□31 どうしたらいいか途方に暮れる。
□32 取り組みは趣旨に合致している。
□33 ゆっくり肩まで湯に浸る。
□34 長期の休暇を使って海外に行く。
□35 理屈ばかり言うものではない。
□36 攻撃は最大の防御である。
□37 高齢者のためのマンション。
□38 天から賦与された才能がある。
□39 彼は子どもっぽさが抜けない。
□40 社寺で行われた薪能を鑑賞する。
□41 人を惑わすようなことを言うな。
□42 里芋の葉を水滴が転がる。
□43 祖母がこしらえた甘酒を飲む。
□44 獣道を分け入り、頂上を目指す。
□45 今日は薄曇りなので暑くない。
□46 北アルプス立山《たてやま》連峰にある剣岳。
□47 お子さんは幾つになりましたか。
□48 雌の子犬を飼うことにした。
□49 替え歌を作ってみんなで歌う。
□50 金網越しに選手を応援する。

---

23 せんどう
24 いだい
25 せいしょく
26 そうぼう
27 えんだん
28 くじょ
29 はくじょう
30 かんみりょう
31 とほう
32 がっち
33 ひた
34 きゅうか
35 りくつ
36 ぼうぎょ
37 こうれい
38 ふよ
39 ぬ
40 たきぎのう
41 まど
42 さといも
43 あまざけ
44 けものみち
45 うすぐも
46 つるぎ
47 いく
48 めす
49 か
50 かなあみ

第18日 (2)

熟語の構成、漢字と送りがな

時間20分
合格28
得点
1回目　/40
2回目　/40

● 熟語の構成のしかたには次のようなものがある。

ア　同じような意味の漢字を重ねたもの（岩石）
イ　反対または対応の意味を表す字を重ねたもの（高低）
ウ　上の字が下の字を修飾しているもの（洋画）
エ　下の字が上の字の目的語・補語になっているもの（着席）
オ　上の字が下の字の意味を打ち消しているもの（非常）

次の熟語は右のア～オのどれにあたるか、一つ選び、記号で答えよ。

1 近況
2 需給
3 無縁
4 追跡
5 妙案

6 浮沈
7 詳細
8 樹齢
9 獲得
10 汚職

11 未完
12 総称
13 耐震
14 歓喜
15 陰陽

解答
1 ウ　2 イ　3 オ　4 エ　5 ウ　6 イ　7 ア　8 ウ　9 ア　10 エ　11 オ　12 ウ　13 エ　14 ア　15 イ

● 次の――線のカタカナを漢字一字と送りがな(ひらがな)に直せ。

〈例〉 問題にコタエル。 答える

1 校庭の雑草をノゾク。
2 中庭に花の香りがミチル。
3 美しい花にムラガル虫たち。
4 アタタカイ料理が出された。
5 失敗を認めてアヤマルべきだ。
6 孫の大学合格をイワウ。
7 寺の本堂で毎日オガム。
8 友人から参考書をカリル。
9 カロヤカナ足取りでやってくる。
10 ボールが坂道をコロガル。
11 毎朝六時には目がサメル。
12 到着は十時をスギルはずだ。
13 予定をもう一度タシカメル。
14 静かな池でつり糸をタラス。
15 それなら電話で用がタリルよ。
16 クラス劇の主役をツトメル。
17 テーブルに食器をナラベル。
18 君とフタタビ会えますように。
19 この秋に着る洋服がホシイ。
20 急いで行くと呼吸がミダレル。
21 それは大変ムズカシイ問題だ。
22 彼はとても心のヤサシイ人だ。
23 ユタカナ体験が人間を育てる。
24 病状はキワメテ悪いと言われた。
25 父はいま畑をタガヤシている。

解答

1 除く
2 満ちる
3 群がる
4 温かい
5 謝る
6 祝う
7 拝む
8 借りる
9 軽やかな
10 転がる
11 覚める
12 過ぎる
13 確かめる
14 垂らす
15 足りる
16 務める
17 並べる
18 再び
19 欲しい
20 乱れる
21 難しい
22 優しい
23 豊かな
24 極めて
25 耕し

第18日(3) 書き取り

時間20分 合格35

得点 1回目 /50 2回目 /50

● 次の——線のカタカナを漢字に直せ。

1 世論を政治にハンエイさせる。
2 おいしいコウチャで休憩《けい》しよう。
3 ソッチョクな意見を伺いたい。
4 祖母はカンゲキして涙ぐんだ。
5 ショウボウショの仕事を学んだ。
6 チームのダンケツがとても固い。
7 青少年の健全なイクセイを願う。
8 古代史をセンモンとする研究家。
9 彼は図々しくてコウガンな男だ。
10 人生のシュクズを見る思いだ。
11 身体検査でキョウイを測る。

12 母はカンビョウで疲れた様子だ。
13 ノウリツよく仕事をこなしたい。
14 技術カクシンが急激に進む。
15 方言のブンプを調べて表にする。
16 ゲキダンの一員としてがんばる。
17 美術館がショゾウする名品だ。
18 サイナンはいつ来るかわからぬ。
19 畑の作物にヒリョウをほどこす。
20 有名なオンセンに出かける。
21 ドヒョウぎわで逆転勝利を得る。
22 広場にグンシュウが押し寄せる。

解答

1 反映
2 紅茶
3 率直
4 感激
5 消防署
6 団結
7 育成
8 専門
9 厚顔
10 縮図
11 胸囲
12 看病
13 能率
14 革新
15 分布
16 劇団
17 所蔵
18 災難
19 肥料
20 温泉
21 土俵
22 群衆(集)

23 人工エイセイが役目を終える。
24 シンヨウ樹から成る森林である。
25 雨のため試合をジュンエンした。
26 実力をカシンしてはならない。
27 怪奇《かい》ゲンショウが起こる。
28 彼にはゼッタイ負けたくない。
29 組織が十分にキノウしていない。
30 チンタイ住宅で大学生活を送る。
31 シュウギインを解散する。
32 セイトウを組織し、国を治める。
33 ホウチ自転車の回収を行う。
34 茶色のヨウキにあめ玉を入れる。
35 学級全体の意見をトウイツする。
36 知事がメイカイな答弁を行った。

37 ヨブンな金は持たない。
38 スデでつかむのは危険だ。
39 私には身にオボえがないことだ。
40 適切な対策をコウじる。
41 最近めっきり白髪がフえた。
42 ツマは体調を崩《くず》し、静養中だ。
43 セオヨぎの選手として活躍する。
44 校内をネンイりに点検する。
45 アミに引っかかった魚を捕る。
46 ユウグれ時の運転は注意が必要。
47 カタミチ切符《ぷ》を買って出かけた。
48 シオカゼに吹かれて浜辺を歩く。
49 これがマサユメであってほしい。
50 旅行のシタクはもうできている。

23 衛星
24 針葉
25 順延
26 過信
27 現象
28 絶対
29 機能
30 賃貸
31 衆議院
32 政党
33 放置
34 容器
35 統一
36 明快

37 余分
38 素手
39 覚
40 講
41 増
42 妻
43 背泳
44 念入
45 網
46 夕暮
47 片道
48 潮風
49 正夢
50 支度

第19日（1）

読み

時間 15分
合格 35

得点
1回目 /50
2回目 /50

● 次の――線の読みをひらがなで記せ。

1 皆目見当がつかない。
2 同じ程度で優劣をつけにくい。
3 彼は屈折した人生を歩んだ。
4 いよいよ陣痛が始まった。
5 風致地区に指定された場所だ。
6 この仕事の一翼を担っている。
7 茶摘みは夏の初めに行われる。
8 高僧と呼ばれた人に出会う。
9 食品添加物の内容を調べる。
10 彼と私とは縁続きになる。
11 被災地は大変な状況だ。
12 傍証を固めて事件を解明する。
13 祖父が歌う民謡が聞こえてくる。
14 勇気を出して因襲を打破する。
15 あなたと私は同輩だ。
16 濁流にのまれて姿が見えない。
17 互恵条約を結び、有利に運ぶ。
18 迫真に満ちた演技がすばらしい。
19 論拠を簡潔に説明する。
20 紫外線は日焼けの原因になる。
21 地域経済の発展に寄与する。
22 排《はい》気ガスは煙霧の原因となる。

解答

1 かいもく
2 ゆうれつ
3 くっせつ
4 じんつう
5 ふうち
6 いちよく
7 ちゃつ
8 こうそう
9 てんか
10 えん
11 ひさい
12 ぼうしょう
13 みんよう
14 いんしゅう
15 どうはい
16 だくりゅう
17 ごけい
18 はくしん
19 ろんきょ
20 しがいせん
21 きよ
22 えんむ

23 壱万円札を用意してください。
24 鈍角三角形の角度を調べる。
25 この会の趣意がはっきりしない。
26 過敏な神経の持ち主だ。
27 即座に返事して断る。
28 被害者が告訴状を提出する。
29 彼は奇術が大変得意だ。
30 病院で調剤の仕事をしている。
31 魚介類を毎日しっかり食べよう。
32 噴射器で植木を消毒する。
33 世界遺産の偉観を楽しんだ。
34 試合での健闘を祈っている。
35 清濁併《あわ》せのむほど度量が大きい。
36 衆人環視の中りっぱに演説する。

37 及第点を取るために勉強する。
38 理不尽な行いとして批判される。
39 樹木についた霧氷がきれいだ。
40 眠気がして集中できない。
41 身の丈に合った生活をする。
42 騒ぎが大きくなってしまった。
43 今のうちに足腰を鍛《きた》えておこう。
44 手堅い商売で成功する。
45 昼食を兼ねた食事をとる。
46 あなたのお気に召すままにする。
47 コインを使い今日の運勢を占う。
48 あの子に淡い恋心を抱いている。
49 彼は人柄がとても気さくだ。
50 かばんの中に大事なものを隠す。

---

23 いちまん
24 どんかく
25 しゅい
26 かびん
27 そくざ
28 こくそ
29 きじゅつ
30 ちょうざい
31 ぎょかいるい
32 ふんしゃ
33 いかん
34 けんとう
35 せいだく
36 かんし

37 きゅうだいてん
38 りふじん
39 むひょう
40 ねむけ
41 たけ
42 さわ
43 あしこし
44 てがた
45 か
46 め
47 うらな
48 こいごころ
49 ひとがら
50 かく

第19日 (2)

同音・同訓異字、四字熟語

時間 20分
合格 26

得点
1回目 /36
2回目 /36

● 次の——線のカタカナにあてはまる漢字をそれぞれのア～オから一つ選び、記号で答えよ。

☐ 1 裁判で証人がジン問される。
☐ 2 我々の組織のジン容を紹介しよう。
☐ 3 祖父は国の再建にジン力した。
（ア仁 イ人 ウ陣 エ尋 オ尽）

☐ 4 父は医師から重病をセン告された。
☐ 5 当時のことはセン明に覚えている。
☐ 6 兄が二人の部屋を独センしている。
（ア選 イ宣 ウ占 エ鮮 オ洗）

☐ 7 数学の問題を時間をかけてトく。
☐ 8 牧師は私たちに神の道をトいた。
☐ 9 小麦粉を水でトいて使う。
（ア説 イ捕 ウ研 エ溶 オ解）

☐ 10 できるハン囲でがんばろう。
☐ 11 病人が救急車でハン送された。
☐ 12 校庭に雑草がハン茂している。
（ア搬 イ繁 ウ班 エ範 オ判）

☐ 13 我々のチームが首位にフ上する。
☐ 14 会社の再建にフ心する。
☐ 15 天からフ与された才能がある。
（ア賦 イ浮 ウ負 エ付 オ腐）

☐ 16 犯人はまだ逃ボウしたままだ。
☐ 17 級友がけんかをボウ観していた。
☐ 18 枕草子《まくらのそうし》のボウ頭文を暗記する。
（ア望 イ防 ウ傍 エ亡 オ冒）

解答

1 エ　2 ウ　3 オ
4 イ　5 エ　6 ウ
7 オ　8 ア　9 エ
10 エ　11 ア　12 イ
13 イ　14 オ　15 ア
16 エ　17 ウ　18 オ

● 文中の四字熟語の――線のカタカナを漢字に直せ。

□ 1 キョウ天動地の大事業を行う。
□ 2 ギ論百出の委員会だった。
□ 3 いよいよ熟慮ダン行の時だ。
□ 4 ズ寒足熱が健康の秘訣《けつ》だ。
□ 5 波キュウ効果が現れ始めた。
□ 6 青息ト息の暮らしが続く。
□ 7 一コク千金の春の宵を過ごす。
□ 8 人生は因果オウ報を繰り返す。
□ 9 けが人に応急ショ置をする。
□ 10 危機一パツのところを助ける。
□ 11 事件は急テン直下解決した。
□ 12 言語ドウ断の行動を責める。
□ 13 ソウ意工夫の跡が見える作品。
□ 14 大義名ブンが立つ意見。
□ 15 天変地イに見舞われる。
□ 16 どれをとっても同コウ異曲だ。
□ 17 美ジ麗句を連ねて頼む。
□ 18 両者の利害トク失を考える。

解答

1 驚天動地《きょうてんどうち》　世間をひどく驚かすこと。
2 議論百出《ぎろんひゃくしゅつ》　意見が次々と出てくること。
3 熟慮断行《じゅくりょだんこう》　よく考え思い切って実行すること。
4 頭寒足熱《ずかんそくねつ》　頭部を冷たく足を暖かくすること。
5 波及効果《はきゅうこうか》　いい影響が広い範囲に及ぶこと。
6 青息吐息《あおいきといき》　苦しくてため息が出るような状態。
7 一刻千金《いっこくせんきん》　わずかな時間に高い価値があること。
8 因果応報《いんがおうほう》　行いに相当する報いがあること。
9 応急処置《おうきゅうしょち》　取りあえず手当てをすること。
10 危機一髪《ききいっぱつ》　危ない瀬戸際《せとぎわ》。
11 急転直下《きゅうてんちょっか》　事態が急変して決着に向かうこと。
12 言語道断《ごんごどうだん》　もってのほか。
13 創意工夫《そういくふう》　独創的な考えで工夫すること。
14 大義名分《たいぎめいぶん》　行動の基準となる道理。
15 天変地異《てんぺんちい》　自然界に起こる異常な現象。
16 同工異曲《どうこういきょく》　見かけは違うが中身が同じなこと。
17 美辞麗句《びじれいく》　巧《たく》みにうわべを飾った文句。
18 利害得失《りがいとくしつ》　利益と損失。

第19日（3）書き取り

時間 20分　合格 35

得点　1回目　/50　2回目　/50

● 次の――線のカタカナを漢字に直せ。

1 ジュンパクのドレスの花嫁《よめ》。
2 チケットはナンマイありますか。
3 どうしてもシュウシが合わない。
4 彼は私にとってキョウテキだ。
5 メイロに入り込んだ気持ちだ。
6 一年間でカクダンに成長した。
7 コクホウの仏像を展示している。
8 彼は今一位でここをツウカした。
9 事故で一家のシチュウを失う。
10 ホウリツを守ることが必要だ。
11 親が元気なうちにコウコウしろ。
12 運動会はカイセイに恵まれた。
13 夕飯後のショッキを片付ける。
14 彼のことならジュクチしている。
15 彼女のエンギはすばらしかった。
16 開戦のドウカセンとなった事件。
17 自動車のセイビエとして働く。
18 ベンジンはキハツセイが高い。
19 ランボウな言葉遣いはするな。
20 彼の無実をショウメイしたい。
21 連載小説が次回でカンケツする。
22 難しいハンダンを迫られる。

解答

1 純白　2 何枚　3 収支　4 強敵　5 迷路　6 格段　7 国宝　8 通過　9 支柱　10 法律　11 孝行

12 快晴　13 食器　14 熟知　15 演技　16 導火線　17 整備　18 揮発性　19 乱暴　20 証明　21 完結　22 判断

23 母の老後の趣味はハイクだ。
24 彼女の存在をイシキしてしまう。
25 カンマツに書かれた筆者の思い。
26 校歌をサクシした母校の先輩。
27 ヒンコンにもめげずにがんばる。
28 輸入品はカゼイされている。
29 船は南にシンロをとった。
30 不況でケイエイが行き詰まる。
31 この点からスイセンを引く。
32 日本国ケンポウが公布された。
33 全科目ともヘイキン点を上回る。
34 タンジュンな計算ミスをした。
35 災害対策本部をセッチする。
36 羽がタイカした鳥。

37 プロとしてのヨウケンを満たす。
38 彼女はとてもスナオな少女だ。
39 ケサ、父は出かけていきました。
40 無人島で宝もののアりかを探す。
41 事故を未然にフセぐ対策をする。
42 オりをみてそちらに伺います。
43 彼女には気品がソナわっている。
44 ひとまず友人の家に身をヨせる。
45 明るい未来が続くようノゾむ。
46 彼は力強く挑《ちょう》戦者をシリゾけた。
47 買った貝に砂がマじっていた。
48 菊《きく》の苗《なえ》をカブワけして育てる。
49 またひとつツミを重ねてしまう。
50 ココロクバりには頭が下がる。

23 俳句
24 意識
25 巻末
26 作詞
27 貧困
28 課税
29 針(進)路
30 経営
31 垂線
32 憲法
33 平均
34 単純
35 設置
36 退化

37 要件
38 素直
39 今朝
40 在
41 防
42 折
43 備
44 寄
45 望
46 退
47 交
48 株分
49 罪
50 心配

第20日 (1)

読み

時間15分 合格35

得点 1回目 /50 2回目 /50

● 次の――線の読みをひらがなで記せ。

1 透明な袋《ふくろ》に入れて持っていく。
2 俗事にわずらわされたくない。
3 家紋には羽根が描かれている。
4 二国間の抗争に巻き込まれる。
5 奈良《なら》時代の壁画が発見される。
6 君を被写体にして写真を撮《と》ろう。
7 どんな運命も甘受しよう。
8 天恵に浴することのできる幸せ。
9 彼にこの称号が贈られる。
10 彼は代表に選抜された。
11 初めての偉業を成し遂《と》げた。
12 父の財産を継承する。
13 自転車で舗道を軽快に走る。
14 領海の侵犯問題に揺《ゆ》れる。
15 論旨があいまいな文章は書くな。
16 隠然たる勢力で他を圧倒する。
17 隣家から歌声が聞こえる。
18 先輩の言葉を励《はげ》みに練習する。
19 爆弾発言が周りを混乱させる。
20 それは戒律を破る行為だ。
21 掛《か》け軸《じく》を家宝として珍重する。
22 教科書に準拠した問題集を作る。

解答

1 とうめい
2 ぞくじ
3 かもん
4 こうそう
5 へきが
6 ひしゃたい
7 かんじゅ
8 てんけい
9 しょうごう
10 せんばつ
11 いぎょう
12 けいしょう
13 ほどう
14 しんぱん
15 ろんし
16 いんぜん
17 りんか
18 せんぱい
19 ばくだん
20 かいりつ
21 ちんちょう
22 じゅんきょ

23 世にも奇異な現象が起こる。
24 多彩な顔ぶれが勢ぞろいする。
25 原爆が投下された町を訪問する。
26 村はずれに一軒の農家がある。
27 母方の祖母は気丈な女性だ。
28 鈍重な動作ではかどらない。
29 出来上がった絵を額縁に入れる。
30 そんな極端な判断はやめよう。
31 不朽の名作と呼ばれている絵画。
32 遺跡の試掘に立ち会う。
33 朝から煙雨が降っている。
34 西暦二千年に子どもが生まれた。
35 余震のためにここを出られない。
36 最終回の攻撃で一矢《し》を報いたい。
37 物腰の柔らかい女性が好みだ。
38 利子によって財産が殖える。
39 昨日の大会の様子が新聞に載る。
40 あの木陰でちょっと休もう。
41 矢印に従って歩いていけばよい。
42 毛皮の敷物が使われている。
43 彼はあれ以来一切しゃべらない。
44 壁土がはがれたので修理する。
45 床柱に使われる銘《めい》木を扱う。
46 警察官が犯人を捕まえる。
47 この大会での優勝が危ぶまれる。
48 心の奥底から反省している。
49 皆の注目の的になる。
50 扇の的をめがけて矢を放つ。

23 きい
24 たさい
25 げんばく
26 いっけん
27 きじょう
28 どんじゅう
29 がくぶち
30 きょくたん
31 ふきゅう
32 しくつ
33 えんう
34 せいれき
35 よしん
36 むく
37 ものごし
38 ふ
39 の
40 こかげ
41 やじるし
42 しきもの
43 いっさい
44 かべつち
45 とこばしら
46 つか
47 あや
48 おくそこ
49 みな
50 おうぎ

第20日 (2)

漢字識別、誤字訂正

時間20分 合格23

得点 1回目 /32 2回目 /32

● 次の1～5の三つの□に共通する漢字を入れて熟語を作れ。漢字は下のア～コから一つ選び、記号で答えよ。

(1)

1 □顔・発□・寝□
2 □額・□漢・□費
3 □与・恩□・知□
4 □承・□続・中□
5 □退・攻□・打□

ア 悪　イ 汗　ウ 継　エ 進　オ 厚　カ 貸　キ 巨　ク 間　ケ 撃　コ 恵

(2)

1 □持・□実・中□
2 原□・草□・投□
3 因□・逆□・踏□
4 □告・□災・□服
5 □行・語□・□頭

ア 被　イ 並　ウ 稿　エ 保　オ 天　カ 襲　キ 機　ク 尾　ケ 転　コ 堅

(3)

1 □沈・□遊・□世絵
2 安□・冬□・□気
3 □姿・□大・英□
4 関□・授□・贈□
5 優□・□境・□冬隊

ア 節　イ 越　ウ 浮　エ 雄　オ 語　カ 回　キ 与　ク 期　ケ 眠　コ 劣

(4)

1 □解・不□・□述
2 □角・□利・精□
3 □直・□筆・□色
4 損□・倒□・破□
5 □受・□美・□党

ア 不　イ 壊　ウ 鋭　エ 記　オ 毛　カ 詳　キ 甘　ク 傷　ケ 鉛　コ 辛

解答

(1) 1 イ　2 キ　3 コ　4 ウ　5 ケ
(2) 1 コ　2 ウ　3 カ　4 ア　5 ク
(3) 1 ウ　2 ケ　3 エ　4 キ　5 イ
(4) 1 カ　2 ウ　3 ケ　4 イ　5 キ

● 次の各文にまちがって使われている同じ読みの漢字が一字ある。上に誤字を、下に正しい漢字を記せ。

☐ 1 両者の誤解がひどくて一度の協議で容異に解決できる事態ではない。

☐ 2 信号を三つ越えると首都高速道路が立体交鎖する場所に出る。

☐ 3 部下が失敗を重ねた結果、抜本的な対作を講ずる必要に迫られた。

☐ 4 試合は途中まで劣性だったが、後の追い込みが功を奏して勝利した。

☐ 5 石油精製の復産物として様々な製品が作られ販売されている。

☐ 6 教頭先生は生徒を引卒して二泊三日の修学旅行に出張中である。

☐ 7 投手は肩の固障から復帰し、予定された試合に先発で登板した。

☐ 8 瀬戸内《せとうち》の島を舞台にした映画は全国で放映され好表を博した。

☐ 9 祖父は長期間の入院を余儀なくされたが、今は自宅で療用している。

☐ 10 申込書の要式を変更したので間違わないよう記載例を参照ください。

☐ 11 社長は在宅中だが、お祝いに駆けつけてくれた来客の往対に忙しい。

☐ 12 両国の歴史から見て、密節な関係保持は極めて困難な状況にある。

解答

1 異・易　2 鎖・差　3 作・策　4 性・勢　5 復・副　6 卒・率
7 固・故　8 表・評　9 用・養　10 要・様　11 往・応　12 節・接

第20日 (3)

書き取り

時間20分 合格35

得点 1回目 /50 2回目 /50

● 次の――線のカタカナを漢字に直せ。

1 卒業式のトウジが印象に残った。
2 夏服のスンポウが合わない。
3 友からのメールをジュシンする。
4 コウサイ相手は君も知っている。
5 センランの世を強く生き抜いた。
6 時間帯によりゾウゲンする乗客。
7 有名なジョユウが出る舞台だ。
8 彼らはまだまだケイケンが浅い。
9 北方リョウド問題を調査する。
10 記念事業のためキフ金を集めた。
11 彼は昭和のキゲキ王と言われた。
12 代々伝わるカケイズを見た。
13 どんなナンモンも解決する。
14 新製品をジッサイに使ってみる。
15 古典文学にキョウミがある。
16 まだまだカイゼンの余地がある。
17 この本をハイシャクしていいか。
18 毎月定額を銀行にヨキンする。
19 今日の会議のテイアン資料だ。
20 このままではゼツボウ的だ。
21 開会前に全員がザセキに着く。
22 立候補者のエンゼツを聞く。

解答

1 答辞 2 寸法 3 受信 4 交際 5 戦乱 6 増減 7 女優 8 経験 9 領土 10 寄付 11 喜劇
12 家系図 13 難問 14 実際 15 興味 16 改善 17 拝借 18 預金 19 提案 20 絶望 21 座席 22 演説

☑23 モウフにくるまって眠っている。
☑24 彼を責めるケンリはない。
☑25 朝からイチョウの調子が悪い。
☑26 ラジオタイソウを毎日している。
☑27 交通事故でジュウショウを負う。
☑28 セイフクが小さくなり新調した。
☑29 ケツエキが流れる仕組みを学ぶ。
☑30 相手のハンノウを見ながら話す。
☑31 ご親切に深くカンシャします。
☑32 この国ではヒンプの差が激しい。
☑33 競技中に足をコッセツする。
☑34 夜間は明るいショウメイが要る。
☑35 こっちの方がダンゼン得だよ。
☑36 線路にヘイコウして道路が走る。

☑37 大事な書類を金庫にホカンする。
☑38 カタガミに合わせて布を裁つ。
☑39 今年の冬は寒さがキビしい。
☑40 雨天のため運動会が一日ノびた。
☑41 申し出をココロヨく引き受ける。
☑42 ヨロコんでそちらにまいります。
☑43 議論はカラマワりし続けた。
☑44 今日も元気だとシルしておこう。
☑45 ベニ色のリボンがよく似合う。
☑46 警察が事件にカイニュウする。
☑47 たくさんあって選ぶのにマヨう。
☑48 夕焼けにソまる空を見上げる。
☑49 いつか君にオンガエしをしたい。
☑50 大きなウツワに菓子を盛る。

---

23 毛布
24 権利
25 胃腸
26 体操
27 重傷
28 制服
29 血液
30 反応
31 感謝
32 貧富
33 骨折
34 照明
35 断然
36 並行

37 保管
38 型紙
39 厳
40 延
41 快
42 喜
43 空回
44 記
45 紅
46 介入
47 迷
48 染
49 恩返
50 器

第21日 (1)

読み

時間 15分
合格 35
得点
1回目 /50
2回目 /50

● 次の――線の読みをひらがなで記せ。

1 地元の有力者と接触する。
2 落盤事故に人が巻き込まれる。
3 軽率な行動を戒められる。
4 腕章を巻いて交通指導をする。
5 庭中に雅楽の音色が響き渡る。
6 交通違反で罰金を払う。
7 人気の映画を鑑賞する。
8 彼の家と私の家は隣接している。
9 舟運を利用して島に渡る。
10 会社の再建のため日夜奮闘する。
11 どこまでも威厳のある父だった。
12 皆の祈りが通じて奇跡が起こる。
13 童謡作家として名曲を残した。
14 姉は服飾デザイナーである。
15 違法行為により罰せられる。
16 無断転載は禁じられている。
17 勝訴の知らせに歓声をあげた。
18 高峰として知られる山に登る。
19 猛攻の末、試合を勝ち進む。
20 工場の煙害に悩まされている。
21 釣《つ》り上げた獲物を魚拓にする。
22 即刻退場の命令を受ける。

解答

1 せっしょく
2 らくばん
3 けいそつ
4 わんしょう
5 ががく
6 ばっきん
7 かんしょう
8 りんせつ
9 しゅううん
10 ふんとう
11 いげん
12 きせき
13 どうよう
14 ふくしょく
15 いほう
16 てんさい
17 しょうそ
18 こうほう
19 もうこう
20 えんがい
21 ぎょたく
22 そっこく

127 第21日 (1) 読　み

□ 23 ご**尽力**に深く感謝します。
□ 24 母は**歌謡**曲を歌うのが趣味だ。
□ 25 こんな生活から早く**脱出**したい。
□ 26 大きな杉《すぎ》の木が**枯死**してしまう。
□ 27 セミの**羽化**を観察する。
□ 28 彼は**通称**トムと呼ばれている。
□ 29 有名な鳥獣**戯画**を鑑賞する。
□ 30 しょせん**凡才**でしかない。
□ 31 自然の**驚異**に圧倒される。
□ 32 彼には**全幅**の信頼を置いている。
□ 33 **微笑**する少女の表情がかわいい。
□ 34 彼の行き過ぎた**行為**を注意する。
□ 35 **汚水**が流れる川では泳げない。
□ 36 主治医の**執刀**で手術が行われる。
□ 37 柔らかい**毛布**に包まれて眠る。
□ 38 身の**丈**の長い着物を店頭に飾る。
□ 39 **吹**く風もとてもさわやかだ。
□ 40 **寝坊**して学校に遅刻した。
□ 41 父母は**稲作**に励《はげ》んでいる。
□ 42 **革**でできたかばんを使っている。
□ 43 祖父は重い病に**冒**されている。
□ 44 友情の証《あかし》に**杯**をかわす。
□ 45 **借金**返済のため駆けまわる。
□ 46 **疲**れた表情で人前に現れる。
□ 47 荒れた土地を**耕**す。
□ 48 お菓子を**箱詰**めして持っていく。
□ 49 彼のことはまるで**殿様**扱いだ。
□ 50 ゴルフ場の**芝刈**りを任される。

---

23 じんりょく
24 かよう
25 だっしゅつ
26 こし
27 うか
28 つうしょう
29 ぎが
30 ぼんさい
31 きょうい
32 ぜんぷく
33 びしょう
34 こうい
35 おすい
36 しっとう
37 もうふ
38 たけ
39 ふ
40 ねぼう
41 いなさく
42 かわ
43 おか
44 さかずき
45 しゃっきん
46 つか
47 たがや
48 はこづ
49 とのさま
50 しばか

第21日 (2)

部首、対義語・類義語

時間 20分　合格 26

得点　1回目　／36　2回目　／36

● 次の漢字の部首をア〜エから一つ選び、記号で答えよ。

1 紹（ア 幺　イ 糸　ウ 刀　エ 口）
2 頼（ア 口　イ 木　ウ 貝　エ 頁）
3 瞬（ア 目　イ 爫　ウ 夕　エ 舛）
4 隷（ア 士　イ 示　ウ 隶　エ 水）
5 煙（ア 罒　イ 西　ウ 火　エ 土）
6 恒（ア 忄　イ 丨　ウ 一　エ 日）
7 露（ア 雨　イ 足　ウ 夂　エ 口）
8 延（ア 廴　イ ノ　ウ 止　エ 疋）
9 髪（ア 彡　イ 髟　ウ 一　エ 又）
10 圏（ア 人　イ 二　ウ 己　エ 囗）
11 恵（ア 一　イ 十　ウ 田　エ 心）
12 盛（ア 厂　イ 戈　ウ 皿　エ 罒）
13 趣（ア 走　イ 疋　ウ 耳　エ 又）
14 壊（ア 土　イ 十　ウ 罒　エ 衣）
15 蚕（ア 一　イ 二　ウ 人　エ 虫）
16 環（ア 罒　イ 王　ウ 一　エ 口）
17 暇（ア 日　イ 丨　ウ 口　エ 又）
18 職（ア 耳　イ 立　ウ 日　エ 戈）

解答

1	2	3	4	5	6	7	8	9
イ	エ	ア	ウ	ウ	ア	ア	ア	イ

10	11	12	13	14	15	16	17	18
エ	エ	ウ	ア	ア	エ	イ	ア	ア

● 後の［　］内のひらがなを漢字に直して□に入れ、対義語・類義語を作れ。［　］内のひらがなは一度だけ使い、一字記せ。

対義語

1 歓声――悲□
2 継続――中□
3 出発――到□
4 冷静――興□
5 回避――直□
6 進撃――□却
7 任意――□制
8 与党――□党
9 歓喜――□悩

類義語

10 案内――□導
11 応援――□勢
12 支度――□備
13 匹敵――□等
14 脈絡――□道
15 容易――□単
16 失業――□職
17 他界――□眠
18 防御――□備

えい・か・かん・きょう・く・し・しゅ・じゅん・すじ
せん・たい・ちゃく・どう・ふん・めい・めん・や・り

解答

1 鳴　2 止　3 着　4 奮　5 面　6 退　7 強　8 野　9 苦
10 先　11 加　12 準　13 同　14 筋　15 簡　16 離　17 永　18 守

第21日 (3)

書き取り

時間20分 合格35

得点 1回目 /50 2回目 /50

● 次の――線のカタカナを漢字に直せ。

1 こうなったら最後のシュダンだ。
2 また新しい問題がハセイする。
3 学校でうさぎをシイクしている。
4 判事が法廷《てい》からタイシュツする。
5 値段はいくらでもケッコウです。
6 イチリツに三割引きで販売する。
7 事実をセイカクに記録しておく。
8 今日はゼッコウの行楽日和だ。
9 キョシュした児童を指名した。
10 公園のスイセン便所を利用する。
11 ジョウシキでは考えられない。
12 遺体の身元がハンメイした。
13 我が家のケイズで祖先を調べる。
14 うつむきカゲンで座っている。
15 皆の期待がチョウテンに達する。
16 殿がお忍《しの》びでジョウモンを出る。
17 コンバン、台風が最も接近する。
18 ジョウギとコンパスを使います。
19 シュウショク先は県外になった。
20 ダイヤの乱れがカイフクした。
21 祖父が広い農地をコウサクする。
22 教育へのカンシンが高い地域だ。

解答

1 手段 2 派生 3 飼育 4 退出 5 結構 6 一律 7 正確 8 絶好 9 挙手 10 水洗 11 常識

12 判明 13 系図 14 加減 15 頂点 16 城門 17 今晩 18 定規 19 就職 20 回復 21 耕作 22 関心

□ 23 知らぬ間に立場がギャクになる。
□ 24 応援でエンドウはいっぱいだ。
□ 25 シッソな身なりをした老人だ。
□ 26 ガッショウ大会で皆が歌った。
□ 27 会議のシリョウを作成した。
□ 28 ホケツ選手としてベンチに入る。
□ 29 この川のゲンリュウを訪ねよう。
□ 30 学芸会で私が主役をエンじる。
□ 31 セキニンのある仕事を任された。
□ 32 不況でヘイテンに追い込まれた。
□ 33 彼はチームをトウソツした。
□ 34 ソウゾウしていたより厳しい。
□ 35 ヨクチョウ九時から会議を開く。
□ 36 世話になった人へのレイジョウ。
□ 37 航海途中で神戸《こうべ》にキコウする。
□ 38 フクスウの目撃者に事情を聞く。
□ 39 タンニンの先生が指導した。
□ 40 私の学校はモクゾウ校舎である。
□ 41 修学旅行のニッテイを組む。
□ 42 空気を胸いっぱいにスい込んだ。
□ 43 結ばれた縄《なわ》をトいた。
□ 44 夏の暑さもサカりを過ぎた。
□ 45 日照り続きで川の水かさもへる。
□ 46 遅れてきたワケを説明しなさい。
□ 47 夜がふけると人通りがタえる。
□ 48 子どもとミズアびを楽しむ。
□ 49 合理化をハカる方法を考える。
□ 50 カい犬との散歩が日課だ。

23 逆	24 沿道	25 質素	26 合唱	27 資料	28 補欠	29 源流	30 演	31 責任	32 閉店	33 統率	34 想像	35 翌朝	36 礼状
37 寄港	38 複数	39 担任	40 木造	41 日程	42 吸	43 解	44 盛	45 減	46 訳	47 絶	48 水浴	49 図	50 飼

第22日 (1)

読み

時間15分 合格35

得点 1回目 /50 2回目 /50

● 次の――線の読みをひらがなで記せ。

1 贈答品のコーナーで購《こう》入する。
2 躍動感あふれる演技を見せる。
3 虫が集合と離散を繰り返す。
4 カバは意外に凶暴なのだそうだ。
5 若手から中堅の社員が集まる。
6 歳末商戦がにぎやかに行われる。
7 避難場所をしっかりと確認する。
8 事件の裏で暗躍する。
9 先遣隊として現地に入る。
10 入学した学校の帽章をつける。
11 権威ある文学賞を受賞する。
12 冷淡な表情で相手を見下ろす。
13 石碑《ひ》の拓本を取る作業をする。
14 アルコールを溶剤として使う。
15 犯人グループを一網打尽にする。
16 本舗となる店を訪れる。
17 不況で就職先が見つからない。
18 引っ越しのため寝具を運ぶ。
19 マットの上で倒立の練習をする。
20 間違いをしないように自戒する。
21 用意周到のうえで出かけていく。
22 人情の機微にふれ思わず涙する。

解答

1 ぞうとう
2 やくどう
3 りさん
4 きょうぼう
5 ちゅうけん
6 さいまつ
7 ひなん
8 あんやく
9 せんけんたい
10 ぼうしょう
11 けんい
12 れいたん
13 たくほん
14 ようざい
15 いちもうだじん
16 ほんぽ
17 ふきょう
18 しんぐ
19 とうりつ
20 じかい
21 しゅうとう
22 きび

23 剣術の師範の下に弟子入りする。
24 最強の布陣で試合に臨んだ。
25 敬称を略して表記する。
26 取り調べを受けて詳述する。
27 ユダヤ人は迫害の歴史をもつ。
28 雲上を行く銀翼が光る。
29 不慮の事故で命を落とす。
30 新郎は頼もしくあいさつした。
31 未踏の秘境を探検する。
32 恒常的な取り組みが大切である。
33 宿題が遅遅として進まない。
34 雄図むなしく引き上げていく。
35 これを看過するわけにはいかぬ。
36 首都圏の交通がマヒしている。

37 傷跡が生々しく残っている。
38 はるか向こうに島影が見える。
39 彼はこの家の跡継ぎとなる人だ。
40 うそから出た誠。
41 夜霧が立ちこめ、視界が悪い。
42 影法師を踏みながら遊ぶ。
43 事実に基づいた小説を書く。
44 疲れてスタミナも尽きる。
45 芸術家の端くれとしてがんばる。
46 ねらいを定めて鉄砲を撃つ。
47 木枯らしが吹きぬけていく。
48 雪を踏みしめながら登校する。
49 こわくて生きた心地がしない。
50 彼女はあなたのお姉さんですね。

---

23 しはん
24 ふじん
25 けいしょう
26 しょうじゅつ
27 はくがい
28 ぎんよく
29 ふりょ
30 しんろう
31 みとう
32 こうじょう
33 ちち
34 ゆうと
35 かんか
36 しゅとけん

37 きずあと
38 しまかげ
39 あとつ
40 まこと
41 よぎり
42 かげぼうし
43 もと
44 つ
45 はし
46 う
47 こが
48 ふ
49 ここち
50 かのじょ

第22日 (2)

同音・同訓異字、四字熟語

時間20分　合格26

得点　1回目　/36　2回目　/36

● 次の――線のカタカナにあてはまる漢字をそれぞれのア～オから一つ選び、記号で答えよ。

1 ある有名な作家がギ曲を書いた。
2 彼の行動に私たちはギ念を抱いた。
3 ギ礼的にあいさつを交わしただけだ。
（ア戯　イ儀　ウ疑　エ義　オ技）

4 事故の原因をキュウ明する。
5 不キュウの名作を映画化する。
6 テレビが普キュウした三十年代。
（ア及　イ休　ウ求　エ究　オ朽）

7 自然の恩ケイを受けて育つ。
8 町は人口が減少ケイ向にある。
9 王位をケイ承する式典を行う。
（ア系　イ恵　ウ景　エ傾　オ継）

10 勇気ある行動をショウ賛する。
11 体育祭でショウ集係を務める。
12 臨ショウ心理士の資格を取る。
（ア障　イ称　ウ紹　エ床　オ招）

13 長年の風雪にタえてきた。
14 雪山で消息がタえてしまった。
15 取るにタりない出来事だ。
（ア垂　イ足　ウ絶　エ耐　オ経）

16 国民栄ヨ賞に輝いた選手。
17 今、ヨ金額は百万円である。
18 卒業証書を授ヨされた中学生。
（ア誉　イ預　ウ余　エ予　オ与）

解答

1 ア　2 ウ　3 イ
4 エ　5 オ　6 ア
7 イ　8 エ　9 オ
10 イ　11 オ　12 エ
13 エ　14 ウ　15 イ
16 ア　17 イ　18 オ

● 文中の四字熟語の――線のカタカナを漢字に直せ。

1 私リ私欲だけを追求する。
2 ゼ非善悪をわきまえる。
3 電光石カの勢いで出て行った。
4 安全保ショウ条約を結ぶ。
5 今こそキ急存亡のときだ。
6 牛イン馬食で体重が増える。
7 群雄割キョの様相を呈《てい》する。
8 先生に仏教のコ事来歴を聞く。
9 彼をぜひ自力コウ生させたい。
10 真ケン勝負の戦いが続いた。
11 清風メイ月の景色を味わう。
12 絶タイ絶命の危機が訪れる。
13 彼の所業を反面教シとする。
14 子どもたちに率先スイ範する。
15 テキ者生存の自然界の状況。
16 彼は博覧キョウ記の人である。
17 無病ソク災を願って参拝する。
18 ユ断大敵の気持ちを持つ。

解答

1 私利私欲《しりしよく》 個人的な利益や欲望。
2 是非善悪《ぜひぜんあく》 よしあし。
3 電光石火《でんこうせっか》 行動などが非常に迅速《じんそく》なさま。
4 安全保障《あんぜんほしょう》 国家や国民の安全を保障すること。
5 危急存亡《ききゅうそんぼう》 生き残れるか滅びるかの瀬戸際《せとぎわ》。
6 牛飲馬食《ぎゅういんばしょく》 多量に飲食すること。
7 群雄割拠《ぐんゆうかっきょ》 多くの実力者が各地で対立する状況。
8 故事来歴《こじらいれき》 伝来した事物の由緒《ゆいしょ》と経過の次第。
9 自力更生《じりきこうせい》 自分の力で生活を改めていくこと。
10 真剣勝負《しんけんしょうぶ》 命がけで取り組むこと。
11 清風明月《せいふうめいげつ》 さわやかな風と清く澄み渡った月。
12 絶体絶命《ぜったいぜつめい》 のっぴきならない場合。
13 反面教師《はんめんきょうし》 模範として学ぶべきではないもの。
14 率先垂範《そっせんすいはん》 人に先立って模範を示すこと。
15 適者生存《てきしゃせいぞん》 外界に適した者が生き残ること。
16 博覧強記《はくらんきょうき》 多く書を読み、記憶していること。
17 無病息災《むびょうそくさい》 病気を全くせず、健康であること。
18 油断大敵《ゆだんたいてき》 油断は思わぬ失敗のもとになること。

第22日 (3)

書き取り

時間 20分
合格 35

得点
1回目　／50
2回目　／50

● 次の——線のカタカナを漢字に直せ。

1 長い間彼とはオンシン不通だ。
2 土地の広さをソクリョウする。
3 野菜をカネツして食べる。
4 ギョウレツのできる店で食べた。
5 入学式でシュクジを述べる。
6 彼をアイボウにして仕事をする。
7 犬を連れて公園をサンポする。
8 何度も呼んだがオウトウがない。
9 議題を委員会でキョウギする。
10 たんぽぽがグンセイしている。
11 野球の試合をカンセンする。
12 機械がゴサドウする。
13 スアシのままで走り回る。
14 コウゴウ陛下が来県される。
15 ダイヤモンドはタンソから成る。
16 相手国にセンセン布告する。
17 記憶の一部がケツラクしている。
18 ニクガンではあの星は見えない。
19 薬のコウノウを調べる。
20 警察が現場ケンショウする。
21 セッタイ費として予算計上する。
22 勝利のエイコウを手に入れる。

解答

1 音信
2 測量
3 加熱
4 行列
5 祝辞
6 相棒
7 散歩
8 応答
9 協議
10 群生
11 観戦
12 誤作動
13 素足
14 皇后
15 炭素
16 宣戦
17 欠落
18 肉眼
19 効能
20 検証
21 接待
22 栄光

23 心に刻んでいるカクゲンがある。
24 外野手がシッサクして得点された。
25 古民家を隣町にイチクする。
26 違法駐《ちゅう》輪がジョウタイ化する。
27 絶好のキカイに恵まれる。
28 セイタン百年の記念行事を催《もよお》す。
29 トクテイの人物が浮かび上がる。
30 サクリャクをめぐらす。
31 不信任案をヒケツする。
32 ショクインシツで採点する。
33 ムダンでここに入ってはだめだ。
34 ジザイに動かすことができる。
35 スコやかな成長を願う。
36 かわいいリボンでムスぶ。

37 交通ヒョウシキの速度を守る。
38 ネンリョウとして石油を使う。
39 ブッキョウが日本に伝来する。
40 傷ついた動物をホゴする。
41 事件のハイゴ関係を調査する。
42 この町にもうミレンはない。
43 俳優をヨウセイする学校がある。
44 山のレイキがすがすがしい。
45 ライホウ者はだれだろう。
46 実験成功のロウホウが届く。
47 フクアンがあるので聞いてくれ。
48 リョウシュウショに品名を書く。
49 妻に指輪をフンパツする。
50 テツボウで逆上がりをする。

23 格言
24 失策
25 移築
26 常態
27 機会
28 生誕
29 特定
30 策略
31 否決
32 職員室
33 無断
34 自在
35 健
36 結

37 標識
38 燃料
39 仏教
40 保護
41 背後
42 未練
43 養成
44 冷気
45 来訪
46 朗報
47 腹案
48 領収書
49 奮発
50 鉄棒

第23日 (1)

読み

時間15分 合格35

得点 1回目 /50 2回目 /50

● 次の——線の読みをひらがなで記せ。

1 この町の地形の特徴をまとめる。
2 失敗して意気消沈する。
3 吉凶《きっ》を占うためにくじを引く。
4 彼らは鼓笛隊で出演する。
5 私の父は溶接の仕事をしている。
6 俗説を信じてうろたえる。
7 研究に全力を傾注する。
8 微微たる力だが頑《がん》張る所存だ。
9 このままでは何か釈然としない。
10 野趣にあふれる作風を味わう。
11 条例に依拠した事業を進める。
12 荒野を開墾《こん》して人が住み始めた。
13 老齢のために足が弱っている。
14 秀峰富士に一度は登ってみたい。
15 苦心の末、脱稿に至った。
16 人道主義に立脚した考えを貫《つらぬ》く。
17 甘美な果物が大好きだ。
18 新しい鉄道を敷設する。
19 痛烈な批判に耐えられない。
20 美しい風景を描いた水彩画。
21 御者が馬車の前に乗る。
22 砲弾の跡が残る建物。

解答

1 とくちょう
2 しょうちん
3 うらな
4 こてき
5 ようせつ
6 ぞくせつ
7 けいちゅう
8 びび
9 しゃくぜん
10 やしゅ
11 じょうれい
12 こうや
13 ろうれい
14 しゅうほう
15 だっこう
16 りっきゃく
17 かんび
18 ふせつ
19 つうれつ
20 すいさいが
21 ぎょしゃ
22 ほうだん

□ 23 交通事故で鎖骨を折る。
□ 24 千尋の谷を訪ねて歩く。
□ 25 彼は年齢不詳の人である。
□ 26 彼は仲間に煙幕を張っている。
□ 27 薄氷を踏む思いで慎重に行う。
□ 28 粉飾決算が明らかになる。
□ 29 空襲で東京は焼け野原になった。
□ 30 パトカーが犯人を追跡して走る。
□ 31 その方角は鬼門だからやめよう。
□ 32 体操競技で妙技を競い合う。
□ 33 脂質は人間の体をつくる物質だ。
□ 34 会議ではそれは言及されない。
□ 35 勇猛な戦士として活躍した。
□ 36 地域振興のために予算を使う。

□ 37 その瞬間、彼は目をつぶった。
□ 38 豆粒ほどの小さな穴が空いた。
□ 39 時には荒療治が必要だ。
□ 40 夜露にぬれた木々が輝く。
□ 41 恐ろしくて震えが止まらない。
□ 42 床の間に書画を飾る。
□ 43 大粒の涙を流して悲しむ。
□ 44 舞扇を持って踊りの練習をする。
□ 45 走り幅跳びで新記録を出す。
□ 46 唐草模様のふろしきで包む。
□ 47 紋付きの着物を着て訪問する。
□ 48 これはあの子の仕業だ。
□ 49 明日の仕事に差し支えはない。
□ 50 周囲に吹聴して回る。

---

23 さこつ
24 せんじん
25 ふしょう
26 えんまく
27 はくひょう
28 ふんしょく
29 くうしゅう
30 ついせき
31 きもん
32 みょうぎ
33 ししつ
34 げんきゅう
35 ゆうもう
36 しんこう

37 しゅんかん
38 まめつぶ
39 あらりょうじ
40 よつゆ
41 ふる
42 とこ
43 おおつぶ
44 まいおうぎ
45 はばと
46 からくさ
47 もんつ
48 しわざ
49 さ(し)つか(え)
50 ふいちょう

第23日 (2)

漢字識別、誤字訂正

時間20分
合格23
得点
1回目 /32
2回目 /32

● 次の1〜5の三つの□に共通する漢字を入れて熟語を作れ。漢字は下のア〜コから一つ選び、記号で答えよ。

(1)

1 □体・□衣・□長
2 □笛・□舞・太□
3 □雨・強□・文□
4 □期・□約・求□
5 □質・□肪・□汗

ア 弱　イ 鼓
ウ 胴　エ 胸
オ 横　カ 婚
キ 脂　ク 会
ケ 資　コ 豪

(2)

1 □悪・□器・□作
2 □言・□暴・熱□
3 □業・□任・□務
4 鳥□・野□・□道
5 繁□・養□・利□

ア 産　イ 狂
ウ 兼　エ 虫
オ 新　カ 教
キ 凶　ク 善
ケ 殖　コ 獣

(3)

1 □室・就□・□坊
2 □拠・□領・独□
3 □会・□税・離□
4 □収・象□・特□
5 宮□・沈□・□様

ア 関　イ 寝
ウ 査　エ 徴
オ 占　カ 脱
キ 殿　ク 廷
ケ 身　コ 屋

(4)

1 □音・□発・原□
2 □装・□道・店□
3 □観・□証・路□
4 休□・余□・□人
5 □勤・□無・□様

ア 爆　イ 業
ウ 景　エ 皆
オ 暇　カ 仮
キ 誘　ク 傍
ケ 舗　コ 転

解答

(1) 1 ウ　2 イ　3 コ　4 カ　5 キ
(2) 1 キ　2 イ　3 ウ　4 コ　5 ケ
(3) 1 イ　2 オ　3 カ　4 エ　5 キ
(4) 1 ア　2 ケ　3 ク　4 オ　5 エ

●次の各文にまちがって使われている同じ読みの漢字が一字ある。上に誤字を、下に正しい漢字を記せ。

1 彼は地域の活性化に関する講演で加激な発言をして観衆を驚かせた。

2 彼は発展途上国での医療活動を使援する団体の運営をしている。

3 台風で被害にあった道路の集復作業が手間取りまだ開通していない。

4 日本人の労働時間を短宿するためには休暇の使い方の工夫が必要だ。

5 この数学の問題を簡単に解くためには平面に推直な線を引くとよい。

6 勝利に尽力した選手の活躍に観客は大きな成援を送り続けた。

7 祖母の病状は急激に悪化し、医者から絶対安整と告げられた。

8 彼は課題に対して常に適接な処置を行うので上司の信頼が厚い。

9 期待を裏切らないよう怒力したが、世間の荒波は越えられなかった。

10 王に中誠を尽くした家来たちは、敵国の攻撃にも勇ましく戦った。

11 大型店での防火設備の転検は、法律によって義務づけられている。

12 年末の帰省客で混雑する空港の様子が街灯テレビで放映されている。

解答

1 加・過　2 使・支　3 集・修　4 宿・縮　5 推・垂　6 成・声

7 整・静　8 接・切　9 怒・努　10 中・忠　11 転・点　12 灯・頭

第23日(3)

書き取り

時間 20分
合格 35

得点
1回目 /50
2回目 /50

● 次の——線のカタカナを漢字に直せ。

1 こちらが選手のシュクシャだ。
2 震災からフッコウした町を歩く。
3 彼の仕事をケイゲンすべきだ。
4 大きなソンシツをこうむった。
5 彼は歯科イシとして働き始めた。
6 トクヨウの洗剤を購《こう》入する。
7 キョクドの疲労で倒れる。
8 フクセイ品が市場に出回る。
9 カイテキな暮らしが約束される。
10 彼はハンガ家として大成した。
11 結婚をゼンテイに交際する。
12 この料理の味はゼッピンだ。
13 イナカの祖母が待っている。
14 ヒコウに走った少年を見守る。
15 岩場でコウセキを掘り当てる。
16 祭りの練習にヨネンがない。
17 金融《ゆう》キカンとの連携《けい》が大切だ。
18 シャテキ場で人形をねらう。
19 ゲンゾンする最も古い書物。
20 湖畔《はん》にホテルがテンザイする。
21 言葉のゴヨウに注意する。
22 社長からシジョウ命令が下りる。

解答

1 宿舎	2 復興	3 軽減	4 損失	5 医師	6 徳用	7 極度	8 複製	9 快適	10 版画	11 前提
12 絶品	13 田舎	14 非行	15 鉱石	16 余念	17 機関	18 射的	19 現存	20 点在	21 誤用	22 至上

23 エイダンを下して好結果を得る。
24 彼は彼女にコウイを持っている。
25 タンチョウな生活には飽《あ》きた。
26 カンタンな方法で調理する。
27 行くべきかのシアンにくれる。
28 ノウリに風景が焼きついている。
29 フウヒョウを気にしなくてよい。
30 ガクブチに油絵を収める。
31 傷口をホウタイでしばる。
32 大学キョウジュの指導を受ける。
33 みんなからレイショウされる。
34 統一したケンカイを出すべきだ。
35 ショウヒ者の立場で考える。
36 フキソクな生活を改める。

37 伊豆《いず》ショトウへの旅に出かける。
38 土盛りしてセイチする。
39 メンカを紡《つむ》いで糸にする。
40 リャクズを描いて説明する。
41 車のオウライが非常に激しい。
42 東京までのリョヒを計算する。
43 休日はモッパら庭いじりをする。
44 おいしそうなケーキがナラぶ。
45 カしたお金を返してもらいたい。
46 ムギメシは体にとてもいい。
47 スミダワラを倉庫に積み込む。
48 自転車のニダイに野菜を乗せる。
49 君のサシズは受けたくない。
50 カルワザ師の曲芸を楽しむ。

---

23 英断　24 好意　25 単調　26 簡単　27 思案　28 脳裏　29 風評　30 額縁　31 包帯　32 教授　33 冷笑　34 見解　35 消費　36 不規則

37 諸島　38 整地　39 綿花　40 略図　41 往来　42 旅費　43 専　44 並　45 貸　46 麦飯　47 炭俵　48 荷台　49 指図　50 軽業

第24日(1)

読み

時間15分
合格35

得点
1回目 /50
2回目 /50

● 次の――線の読みをひらがなで記せ。

1 現実から遊離した話ばかりだ。
2 大雨で浸水した家屋を掃除《そう》する。
3 猛獣が動物園から逃走した。
4 防災対策に苦慮している。
5 物騒な世の中になったものだ。
6 砂利を積んだトラックが走る。
7 小刀の先端がとがっている。
8 有名作家の遺稿が発見される。
9 抜歯は歯科医に任せよう。
10 幕府の執権として活躍する。
11 ここを拠点として活動する。
12 仕事は大抵五時に終わる。
13 吸血鬼の苦手なにおいを発する。
14 夫婦が別姓でいるのを認める。
15 四国へ巡礼の旅に出る。
16 インフルエンザの徴候が現れる。
17 婚約者を両親に紹介する。
18 飛行機の尾翼に特徴がある。
19 漫然と日を過ごしている。
20 私の家は兼業農家である。
21 吐血して救急車で運ばれる。
22 悲喜こもごもの人生を送る。

解答

1 ゆうり
2 しんすい
3 もうじゅう
4 くりょ
5 ぶっそう
6 じゃり
7 せんたん
8 いこう
9 ばっし
10 しっけん
11 きょてん
12 たいてい
13 きゅうけつき
14 べっせい
15 じゅんれい
16 ちょうこう
17 こんやく
18 びよく
19 まんぜん
20 けんぎょう
21 とけつ
22 ひき

23 敵艦《かん》の撃沈をもくろむ。
24 賞罰の経験は全くない。
25 弾圧に苦しむ人々を救済する。
26 黒煙を吹き出して車が走り去る。
27 製菓の技術を修得する。
28 紫雲はめでたい雲とされている。
29 重大な問題が浮上する。
30 汚職事件を起こして失脚する。
31 防波堤の上から魚釣《つ》りをする。
32 点滴注射で栄養分を補給する。
33 乾物を取り扱う店で購《こう》入したい。
34 幼稚《ち》園のお遊戯会で歌を歌う。
35 冷却器で冷たいお茶を作る。
36 熟慮した上で結論を出そう。
37 雷鳴が静かな町に鳴り響く。
38 露骨な表現でののしられる。
39 稲妻が夜空に光る。
40 姉がピアノを弾いている。
41 今度の休みは沢登りをしよう。
42 息子に肩車をせがまれる。
43 そんな弱腰では乗り切れない。
44 素直で明るい子どもたちがいる。
45 祖母の煮豆はとてもおいしい。
46 遅咲きの桜を観賞する。
47 彼は私の弟の友達だ。
48 丸刈りがかわいい男の子だ。
49 大和朝廷《てい》は日本最初の統一政権。
50 下手の考え休むに似たり

---

23 げきちん
24 しょうばつ
25 だんあつ
26 こくえん
27 せいか
28 しうん
29 ふじょう
30 おしょく
31 ぼうはてい
32 てんてき
33 かんぶつ
34 ゆうぎ
35 れいきゃく
36 じゅくりょ
37 らいめい
38 ろこつ
39 いなずま
40 ひ
41 さわのぼ
42 かたぐるま
43 よわごし
44 すなお
45 にまめ
46 おそざ
47 かれ
48 まるが
49 やまと
50 へた

ランクC
第22日
第23日
第24日
第25日

第24日 (2)

部首、対義語・類義語

時間 20分
合格 26

得点
1回目 /36
2回目 /36

● 次の漢字の部首をア〜エから一つ選び、記号で答えよ。

- 1 騒（ア 灬　イ 馬　ウ 又　エ 虫）
- 2 響（ア 阝　イ 立　ウ 日　エ 音）
- 3 噴（ア 口　イ 十　ウ 目　エ 貝）
- 4 誉（ア ⺍　イ 一　ウ 八　エ 言）
- 5 彩（ア 爫　イ ⺍　ウ 木　エ 彡）
- 6 遅（ア 尸　イ 羊　ウ ⻌　エ 𦍌）
- 7 畳（ア 冖　イ 田　ウ 目　エ 一）
- 8 井（ア 一　イ 二　ウ ノ　エ 丨）
- 9 釈（ア ノ　イ 米　ウ 釆　エ 尸）
- 10 舟（ア 丶　イ 一　ウ 冂　エ 舟）
- 11 雌（ア 止　イ 匕　ウ 比　エ 隹）
- 12 歓（ア ノ　イ 隹　ウ 欠　エ 人）
- 13 並（ア 一　イ 二　ウ 䒑　エ 丨）
- 14 驚（ア 艹　イ 攵　ウ 馬　エ 灬）
- 15 郵（ア ノ　イ 一　ウ 十　エ 阝）
- 16 新（ア 亠　イ 立　ウ 木　エ 斤）
- 17 稲（ア 禾　イ 爫　ウ ⺍　エ 日）
- 18 兼（ア 䒑　イ 一　ウ ヨ　エ 八）

解答

1	2	3	4	5	6	7	8	9
イ	エ	ア	エ	エ	ウ	イ	イ	ウ

10	11	12	13	14	15	16	17	18
エ	エ	ウ	ア	ウ	エ	エ	ア	エ

● 後の□内のひらがなを漢字に直して□に入れ、対義語・類義語を作れ。□内のひらがなは一度だけ使い、一字記せ。

対義語

1 病弱──丈□
2 警戒──油□
3 巨大──微□
4 盛夏──□冬
5 全休──□勤
6 先祖──子□
7 沈殿──浮□
8 返済──□用
9 離脱──□加

類義語

10 運搬──□送
11 至上──最□
12 精進──□力
13 露見──発□
14 造営──建□
15 同等──匹□
16 平素──□常
17 未来──□来
18 服従──隷□

かい・かく・げん・こう・さい・さん・しゃく・しょう
ぞく・そん・だん・ちく・てき・ど・にち・ぶ・ゆ・ゆう

解答

1 夫　2 断　3 細　4 厳　5 皆　6 孫　7 遊　8 借　9 参
10 輸　11 高　12 努　13 覚　14 築　15 敵　16 日　17 将　18 属

第24日 (3)

書き取り

時間20分 合格35

得点 1回目 /50 2回目 /50

● 次の――線のカタカナを漢字に直せ。

1 彼の思いをツウセツに感じる。
2 ヒツウな叫びが聞こえるようだ。
3 ケーキをナンコ食べますか。
4 父はカジュエンで働いている。
5 ギンガ系の宇宙を旅したい。
6 日本人で初めてトウチョウした。
7 シカクに訴えた作品だ。
8 研究セイカを発表する。
9 あのフサイはどちらも私の友だ。
10 カンレイに従って活動する。
11 課題がサンセキしている。
12 カンショウに浸ってはいけない。
13 フネンブツは埋《う》め立てられる。
14 タイボウの赤ちゃんが誕生する。
15 外国の映画スターがホウニチした。
16 制服のサイスンを行う。
17 バンネンは穏《おだ》やかに過ごした。
18 ゲンケイをとどめない壊れ方だ。
19 入学をセツボウしている。
20 輸入品にはカンゼイが課される。
21 コオウする副詞の働きを知る。
22 薬はここにジョウビしている。

解答

1 痛切　2 悲痛　3 何個　4 果樹園　5 銀河　6 登頂　7 視覚　8 成果　9 夫妻　10 慣例　11 山積

12 感傷　13 不燃物　14 待望　15 訪日　16 採寸　17 晩年　18 原形　19 切望　20 関税　21 呼応　22 常備

23 コウミャクを掘り当てる。

24 台風のヨハで海が荒れる。

25 へちまの苗《なえ》をイショクする。

26 彼のケイレキを紹介する。

27 体力テストでハイキン力を測る。

28 すばらしいコウセキをたたえる。

29 エンジュクした演技が見事だ。

30 退学ショブンを甘んじて受ける。

31 キソク正しい生活をする。

32 フヨウな書類は廃棄《はいき》しよう。

33 今回はジタイさせていただく。

34 敵にホウフクする。

35 セイリョクテキに働く。

36 メンボウで耳掃《そう》除をする。

37 管弦《げん》楽でジョキョクを演奏する。

38 この点にリュウイしてほしい。

39 ニュウジョウケンを買う。

40 野球部のシュショウとなった。

41 レンメイから脱退する。

42 りりしい若ムシャが現れる。

43 サッするに余りある。

44 市長のごリンセキをたまわる。

45 キョウヨウを身につける。

46 ワタグモが空に浮かぶ。

47 水筒《とう》の茶をノみホす。

48 オヤフコウな私を許してください。

49 ゾウキ林で動物がたわむれる。

50 ウラオモテのない性格の人だ。

---

23 鉱脈
24 余波
25 移植
26 経歴
27 背筋
28 功績
29 円熟
30 処分
31 規則
32 不要(用)
33 辞退
34 報復
35 精力的
36 綿棒
37 序曲
38 留意
39 入場券
40 主将
41 連盟
42 武者
43 察
44 臨席
45 教養
46 綿雲
47 飲(み)干
48 親不孝
49 雑木
50 裏表

第25日（1）読み

時間15分　合格35

得点　1回目　／50　2回目　／50

● 次の――線の読みをひらがなで記せ。

1 隷書で書かれた文字を読み取る。
2 日照りの後の恵雨を待つ。
3 侵略戦争の悲しい歴史がある。
4 会場から嘆声がもれた。
5 彼らの雄姿をひと目みたい。
6 舞踏会で出会った女性である。
7 仰角を測って高さを計算する。
8 父は生前風雅な暮らしを続けた。
9 堅固な意志をもって事に当たる。
10 守銭奴と呼ばれる欲深い人だ。
11 歳出を削《さく》減するよう申し入れる。
12 気迫に満ちた演技をする。
13 執務時間が長くなる。
14 彼が生まれた場所は未詳である。
15 溶解は物質が液体に溶けること。
16 首位に肉薄する勢いである。
17 盆に載せてコーヒーを運ぶ。
18 触覚が鋭いのですぐに反応する。
19 濁音を正しく書き表す。
20 為政者としての人生を目指す。
21 点描で描かれた風景画を飾る。
22 紫煙をくゆらして休息する。

解答

1 れいしょ
2 けいう
3 しんりゃく
4 たんせい
5 ゆうし
6 ぶとう
7 ぎょうかく
8 ふうが
9 けんご
10 しゅせんど
11 さいしゅつ
12 きはく
13 しつむ
14 みしょう
15 ようかい
16 にくはく
17 ぼん
18 しょっかく
19 だくおん
20 いせい
21 てんびょう
22 しえん

23 流行性感冒にかかり、静養する。
24 ベンチは子どもたちが占領した。
25 情趣に富んだ文章を読む。
26 優勝者には金杯が贈られる。
27 秀作を集めた作品集を発刊する。
28 事業の再建に腐心する。
29 彼と私とは血縁関係がある。
30 実家は鮮魚店を営んでいる。
31 盤石の構えで対応する。
32 外需が拡大する傾向にある。
33 珍奇な現象にあわてる。
34 毎日遅くまで黙黙と作業する。
35 極上の品物を届けよう。
36 秘密指令を傍受する。

37 陸稲栽培《さいばい》で稲作をする。
38 太陽系の惑星を望遠鏡で見る。
39 明日はこの教科書が要ります。
40 彼はなかなか世渡りが上手だ。
41 吐き気がして体調が悪い。
42 展示物には触らないでください。
43 朗らかな声が教室中に響く。
44 野菜の価格に影響を及ぼす。
45 消費税を含めて千円になる。
46 種子植物の雌株は果実になる。
47 父は煙たい存在と思われがちだ。
48 子孫のために遺言をのこす。
49 遅刻の理由を詰問する。
50 仮名文字で書いた文章を読む。

---

23 かんぼう
24 せんりょう
25 じょうしゅ
26 きんぱい
27 しゅうさく
28 ふしん
29 けつえん
30 せんぎょ
31 ばんじゃく
32 がいじゅ
33 ちんき
34 もくもく
35 ごくじょう
36 ぼうじゅ

37 りくとう
38 わくせい
39 い
40 よわた
41 は
42 さわ
43 ほが
44 およ
45 ふく
46 めかぶ
47 けむ
48 ゆいごん
49 きつもん
50 かな

第25日 (2)

熟語の構成、漢字と送りがな

時間20分
合格28
得点
1回目 /40
2回目 /40

● 熟語の構成のしかたには次のようなものがある。

ア 同じような意味の漢字を重ねたもの（岩石）
イ 反対または対応の意味を表す字を重ねたもの（高低）
ウ 上の字が下の字を修飾しているもの（洋画）
エ 下の字が上の字の目的語・補語になっているもの（着席）
オ 上の字が下の字の意味を打ち消しているもの（非常）

次の熟語は右のア～オのどれにあたるか、一つ選び、記号で答えよ。

1 継続
2 避難
3 不屈
4 全壊
5 優劣

6 増殖
7 迎春
8 歓声
9 経緯
10 無限

11 反則
12 豪雨
13 是非
14 運搬
15 脱帽

解答
1 ア　2 エ　3 オ　4 ウ　5 イ　6 ア　7 エ　8 ウ　9 イ　10 オ　11 エ　12 ウ　13 イ　14 ア　15 エ

● 次の――線のカタカナを漢字一字と送りがな（ひらがな）に直せ。

〈例〉問題にコタエル。　答える

1 風は午後にはオサマルはずだ。
2 彼とはシタシイ間がらだ。
3 キビシイ自然の中で生きる動物。
4 人の道にハズレルことはするな。
5 急に犬がアバレル。
6 時計が時を正確にキザム。
7 ケワシイ山脈が東西に続く。
8 両者の訴えを聞いてサバク。
9 祖父のお墓に花をソナエル。
10 ノゾマシイ日本社会を築きたい。
11 流れのハゲシイ川では泳ぐな。
12 マズシイ暮らしをする人々。
13 その要望はアツカマシイよ。
14 運営計画をアラタニ作った。
15 これまでの方針をアラタメル。
16 冬がオトズレル前に終わりたい。
17 カメラをカマエル写真家。
18 台風はサイワイに西にそれた。
19 暑さのサカリもようやく過ぎた。
20 彼は会社をササエル人材である。
21 彼は部長のポストにスワル人だ。
22 もう一度最初からタメスべきだ。
23 自分の気持ちを素直にノベル。
24 故郷を離れてヒサシイ。
25 通報があればタダチニ出動する。

解答

1 治まる　2 親しい　3 厳しい　4 外れる　5 暴れる　6 刻む　7 険しい　8 裁く　9 供える　10 望ましい　11 激しい　12 貧しい　13 厚かましい　14 新たに　15 改める　16 訪れる　17 構える　18 幸い　19 盛り　20 支える　21 座る　22 試す　23 述べる　24 久しい　25 直ちに

第25日（3）

書き取り

時間20分　合格35

得点　1回目　/50　2回目　/50

● 次の――線のカタカナを漢字に直せ。

1 ソウジュクの品種を育てる。
2 態度をホリュウして様子を見る。
3 コクゲンまでにはこちらに戻《もど》る。
4 物資をシュウセキする。
5 見慣れないコウケイだ。
6 桃のセックを祝う。
7 問題をチョクシすべきだ。
8 ケオリモノの産地を訪ねる。
9 シツギ応答の時間が来た。
10 目標をタッセイする。
11 イタイはこちらに運ばれる。
12 キョウセイ的に参加させる。
13 シュウヨウ人員を超えている。
14 同窓会はセイカイ裏に終わる。
15 これはキョクリョク避けたい。
16 カイメンは化粧《しょう》用具に用いる。
17 暗くてハンベツがつきにくい。
18 国会で首相がトウベンする。
19 オンコウな人柄が認められる。
20 ザンネンだが、あきらめよう。
21 ストレスをうまくハッサンする。
22 天文台で天体カンソクをする。

解答

1 早熟　2 保留　3 刻限　4 集積　5 光景　6 節句　7 直視　8 毛織物　9 質疑　10 達成　11 遺体

12 強制　13 収容　14 盛会　15 極力　16 海綿　17 判別　18 答弁　19 温厚　20 残念　21 発散　22 観測

23 壮《そう》大なコウソウを練る。
24 病気がカイホウに向かう。
25 シンネンをしっかり持っている。
26 エイキュウシに生え替わる。
27 民族トクユウの暮らしぶりだ。
28 じたばたせずにオウジョウする。
29 酸素をキュウインする。
30 見聞したことをセツメイする。
31 カクチョウ高い音楽を聴《き》く。
32 ヒコウシキな訪問を受ける。
33 ザイダン法人を設立する。
34 このことをネントウに置く。
35 祖父は今もケンザイだ。
36 社会ホショウの進んだ国に住む。

37 フシギなことがあったものだ。
38 ショウカキ系の病気で入院する。
39 ミチの世界に飛び込んでいく。
40 ヨウブンは根に蓄えられる。
41 別の条件をフカする。
42 芸道のリュウハを立てる。
43 ムショゾクの新人が当選する。
44 レイセイな判断が必要だ。
45 責任をジカクする。
46 ヤクソクはきちんと守ろう。
47 過去の事例からルイスイする。
48 たんぽぽのワタゲが風に乗る。
49 シオドキを見て退出する。
50 相手の攻撃にミガマえる。

23 構想
24 快方
25 信念
26 永久歯
27 特有
28 往生
29 吸引
30 説明
31 格調
32 非公式
33 財団
34 念頭
35 健在
36 保障

37 不思議
38 消化器
39 未知
40 養分
41 付加
42 流派
43 無所属
44 冷静
45 自覚
46 約束
47 類推
48 綿毛
49 潮時
50 身構

実戦模擬テスト〔第1回〕

解答には、常用漢字の旧字体や表外漢字および常用漢字音訓表以外の読みを使ってはいけない。

時間 60分
合格点 140点
得点 /200

(一) 次の――線の読みをひらがなで記せ。 (30) 1×30

1 毎朝学校で本を黙読している。
2 兄は大学で物理を専攻している。
3 辺りは静寂に包まれた。
4 彼の言葉には含蓄がある。
5 ご意見を踏まえ鋭意努力します。
6 凶悪な犯罪が多発している。
7 承認には煩雑な手続きが必要だ。
8 登山の愛好家たちが健脚を競う。
9 罪を犯して処罰された。
10 四輪駆動の車を買った。
11 大学受験で首尾よく受かった。
12 現状維持は難しい情勢だ。
13 雪のため新幹線が遅延した。
14 赤い橋の欄干から川を眺める。
15 彼の論理は矛盾している。
16 それは道路交通法に抵触する。
17 石油を採掘する技術が高い。
18 飛行機の主翼に近い席だった。
19 今日は朝から縁起がよい。

解答

(一)
1 もくどく
2 せんこう
3 せいじゃく
4 がんちく
5 えいい
6 きょうあく
7 しょうにん
8 けんきゃく
9 しょばつ
10 くどう
11 しゅび
12 いじ
13 ちえん
14 らんかん
15 むじゅん
16 ていしょく
17 さいくつ
18 しゅよく
19 えんぎ

20 質素で柔順な人々が集う会だ。
21 彼は雅趣に富む作品を描く。
22 波に浸食された奇岩だ。
23 書道で師範の免許をもらった。
24 遠足の支度をして早く寝た。
25 町の名所を巡るバスだ。
26 彼は秀才との誉れが高い。
27 友が荷物を抱えてやってきた。
28 現実の問題から目を背けるな。
29 失敗を今後の戒めとする。
30 彼は社長の職に就く決心をした。

(二) 次の――線のカタカナにあてはまる漢字をそれぞれのア～オから一つ選び、記号で答えよ。 (30) 2×15

1 今年の人事院カン告が出された。
2 もうこれまでとカン念した。
3 両首脳が昼食時にカン談した。
(ア乾 イ観 ウ歓 エ感 オ勧)

4 自らの主張をケン持しなさい。
5 二つの役職をケン務している。
6 全国で派ケン社員が増えている。
(ア権 イ兼 ウ検 エ遣 オ堅)

7 垣根をスかして庭の中を見た。
8 耳をスませば虫の声が聞こえる。
9 用事をスませてから出かけます。
(ア澄 イ済 ウ刷 エ透 オ住)

10 食品テン加物の検査をしている。
11 事件は思わぬテン開をみせた。
12 信号機がテン滅する交差点。
(ア転 イ典 ウ点 エ展 オ添)

13 難しい問題をトくのが好きだ。
14 高僧が人の道をトいている。
15 水彩画を描こうと絵の具をトく。
(ア研 イ解 ウ説 エ溶 オ取)

20 じゅうじゅん
21 がしゅ
22 しんしょく
23 しはん
24 したく
25 めぐ
26 ほま
27 かか
28 そむ
29 いまし
30 つ

(二)
1 オ
2 イ
3 ウ
4 オ
5 イ
6 エ
7 エ
8 ア
9 イ
10 オ
11 エ
12 ウ
13 イ
14 ウ
15 エ

(三) 1〜5の三つの□に共通する漢字を入れて熟語を作れ。漢字はア〜コから一つ選び、記号で答えよ。 (10) 2×5

1 □害・□力・圧□
2 □器・□才・□痛
3 □性・日□・□気
4 □腕・機□・□感
5 □発・接□・□覚

ア陰 イ手 ウ敏 エ触
オ感 カ鈍 キ色 ク力
ケ迫 コ鋭

(四) 熟語の構成のしかたには次のようなものがある。 (20) 2×10

ア 同じような意味の漢字を重ねたもの (岩石)
イ 反対または対応の意味を表す字を重ねたもの (高低)
ウ 上の字が下の字を修飾しているもの (洋画)
エ 下の字が上の字の目的語・補語になっているもの (着席)
オ 上の字が下の字の意味を打ち消しているもの (非常)

次の熟語は右のア〜オのどれにあたるか、一つ選び、記号で答えよ。

1 栄枯
2 無縁
3 増殖
4 全壊
5 反則
6 断続
7 勧誘
8 遅刻
9 妙案
10 荒野

解答

(三)
1 ケ
2 カ
3 ア
4 ウ
5 エ

(四)
1 イ
2 オ
3 ア
4 ウ
5 エ
6 イ
7 ア
8 エ
9 ウ
10 ウ

(五) 次の漢字の部首をア〜エから一つ選び、記号で答えよ。 (10) 1×10

1 襲（ア 立　イ 月　ウ 亠　エ 衣）
2 徴（ア 彳　イ 山　ウ 王　エ 攵）
3 朱（ア ノ　イ 一　ウ 木　エ 二）
4 秀（ア 十　イ 木　ウ 禾　エ ノ）
5 慮（ア 虍　イ 口　ウ 田　エ 心）
6 戒（ア 一　イ ノ　ウ 戈　エ 弋）
7 尋（ア ヨ　イ 寸　ウ エ　エ 口）
8 乗（ア ノ　イ 木　ウ 十　エ 一）
9 獣（ア ッ　イ 田　ウ 口　エ 犬）
10 環（ア 罒　イ 王　ウ 一　エ 口）

(六) 後の□内のひらがなを漢字に直して□に入れ、対義語・類義語を作れ。□内のひらがなは一度だけ使い、一字記せ。 (20) 2×10

対義語

1 確信―憶□
2 破壊―□設
3 正統―□端
4 利益―□失
5 簡略―繁□

類義語

6 及第―□格
7 手腕―□量
8 風刺―□肉
9 手柄―功□
10 屈指―抜□

い・ぎ・ぐん・けん・ごう
ざつ・せき・そく・そん・ひ

(五)
1 エ　2 ア　3 ウ　4 ウ　5 エ　6 ウ　7 イ　8 ア　9 エ　10 イ

(六)
1 測　2 建　3 異　4 損　5 雑　6 合　7 技　8 皮　9 績　10 群

(七) 次の――線のカタカナを漢字一字と送りがな(ひらがな)に直せ。 (10) 2×5

〈例〉問題にコタエル。 答える

1 欠員をオギナウことが決定した。

2 彼とは常に考え方がコトナル。

3 子をヤシナウのは親の義務だ。

4 迷惑をかけたことをアヤマル。

5 ノゾマシイ人間関係を築く。

(八) 文中の四字熟語の――線のカタカナを漢字に直せ。 (20) 2×10

1 ウ為転変の世の習いを実感する。

2 チン思黙考した後に決断を下した。

3 勝利して観衆が狂喜ラン舞する。

4 無理難ダイを言われ返答に困る。

5 一ボウ千里の草原の光景に感動する。

6 彼の縦横ム尽の活躍で勝利する。

7 温コ知新の精神で歴史を学ぶ。

8 キョウ天動地の大事件が発生した。

9 願ってもない好キ到来に心がはずむ。

10 キ急存亡の状況を乗り越える。

(九) 次の各文にまちがって使われている同じ読みの漢字が一字ある。上に誤字を、下に正しい漢字を記せ。 (10) 2×5

1 樹木の直経を測定し、建築資材としての用途に応じ分別作業をする。

2 受益者付担の考えに基づき、施設利用料有料化の検討を開始した。

3 集中豪雨での浸水に備え、耐火金庫の保官場所を地下から変更した。

解答

(七) 1 補う 2 異なる 3 養う 4 謝る 5 望ましい

(八) 1 有 2 沈 3 乱 4 題 5 望 6 無 7 故 8 驚 9 機 10 危

(九) 1 経・径 2 付・負 3 官・管 4 集・収 5 用・養

4 廃品を回集する方法を示した規則を回覧板を使って周知徹底した。

5 自然豊かで温和な気候の観光地に高齢者向けの療用所を建設した。

(十) 次の——線のカタカナを漢字に直せ。 (40) 2×20

1 東京駅はキセイ客で混んでいる。

2 結婚式にショウタイされた。

3 セイミツ機械を扱う会社だ。

4 祖父はゲンカクな人だった。

5 番組のヘンセイ会議があった。

6 コクモツを主食としている。

7 文章の誤りをシュウセイする。

8 彼の仕事はチョサク業である。

9 作家のショカンが発見された。

10 被災地でキュウゴ活動をした。

11 人権ソンチョウが最も大事だ。

12 私鉄エンセンの住宅街に住む。

13 ジシャクを使った実験をした。

14 サンミの強い食品だがおいしい。

15 書物のカントウをかざる文章。

16 馬がアバれて大変だった。

17 髪を茶色にソめる人が多い。

18 アヤうく事故になるところだった。

19 落とし物をアズかってもらう。

20 彼は重責をニナうことになった。

(十) 1 帰省 2 招待 3 精密 4 厳格 5 編成 6 穀物 7 修正 8 著作 9 書簡 10 救護 11 尊重 12 沿線 13 磁石 14 酸味 15 巻頭 16 暴 17 染 18 危 19 預 20 担

実戦模擬テスト〔第2回〕

解答には、常用漢字の旧字体や表外漢字および常用漢字音訓表以外の読みを使ってはいけない。

時間 60分
合格点 140点
得点 ／200

(一) 次の――線の読みをひらがなで記せ。 (30) 1×30

1 新法案に抗議するデモをした。
2 判断は単なる憶測にすぎない。
3 彼は社会の風刺画を描いてきた。
4 世界の恒久平和を望んでいる。
5 説明するための添付資料がある。
6 彼はついに真情を吐露した。
7 彼は政情に余りにも鈍感だった。
8 私のただ一つの汚点である。
9 何の脈絡もない説明だ。
10 彼の唐突な提案に驚いた。
11 免許を更新する必要がある。
12 国家の浮沈にかかわる事件だ。
13 一日も休まず、皆勤賞をもらった。
14 優勝を祈念して神社に参った。
15 自分の意見を堅持しなさい。
16 古都にある史跡巡りの旅に出た。
17 新しい仕事に忙殺されている。
18 現実から逃避してはいけない。
19 彼は劣悪な環境の中で働いた。

解答

(一)
1 こうぎ
2 おくそく
3 ふうし
4 こうきゅう
5 てんぷ
6 とろ
7 どんかん
8 おてん
9 みゃくらく
10 とうとつ
11 こうしん
12 ふちん
13 かいきん
14 きねん
15 けんじ
16 しせき
17 ぼうさつ
18 とうひ
19 れつあく

20 国の将来は為政者に左右される。
21 巨額の脱税を摘発された会社だ。
22 害虫を駆除する薬をまいた。
23 この行動は決して看過できない。
24 自らの行いを省みる機会を持つ。
25 軒先にツバメが巣を作った。
26 濃いコーヒーを出す店だ。
27 木綿の下着は汗を吸収する。
28 かつて溶岩を噴き出した山だ。
29 面白い工夫がなされた作品だ。
30 何かが起こる胸騒ぎがあった。

(二) 次の——線のカタカナにあてはまる漢字をそれぞれのア〜オから一つ選び、記号で答えよ。 (30) 2×15

1 イ勢のいいかけ声が聞こえる。
2 信頼できる人に仕事をイ頼した。
3 それはとても恥ずかしい行イだ。
(ア 依 イ 意 ウ 委 エ 為 オ 威)

4 彼は村に多大のコウ績を残した。
5 兄は大学で社会学を専コウする。
6 その考え方には抵コウがある。
(ア 考 イ 功 ウ 効 エ 抗 オ 攻)

7 急な話で不意をツかれた。
8 新しい職にツいてがんばるよ。
9 兄は家業をツぐと言っている。
(ア 継 イ 就 ウ 付 エ 突 オ 着)

10 真相をキュウ明したいと思う。
11 愛され続けた不キュウの名作だ。
12 液晶テレビが普キュウした。
(ア 休 イ 及 ウ 究 エ 求 オ 朽)

13 荷物に手紙をソえて送った。
14 川にソって桜並木が続く。
15 夕陽にソまる島影が美しい。
(ア 反 イ 沿 ウ 添 エ 染 オ 素)

20 いせい
21 てきはつ
22 くじょ
23 かんか
24 かえり
25 のきさき
26 こ
27 もめん
28 ふ
29 くふう
30 むなさわ

(二)
1 オ
2 ア
3 エ
4 イ
5 オ
6 エ
7 エ
8 イ
9 ア
10 ウ
11 オ
12 イ
13 ウ
14 イ
15 エ

(三) 1〜5の三つの□に**共通する漢字**を入れて熟語を作れ。漢字は**ア〜コ**から**一つ**選び、記号で答えよ。 (10) 2×5

1 □定・□識・図□
2 □破・□襲・□切
3 □賛・愛□・敬□
4 □心・□食・□敗
5 変□・□新・□生

ア 更　イ 踏　ウ 向　エ 灯
オ 鑑　カ 証　キ 称　ク 人
ケ 観　コ 腐

(四) **熟語の構成**のしかたには次のようなものがある。 (20) 2×10

ア 同じような意味の漢字を重ねたもの （岩石）
イ 反対または対応の意味を表す字を重ねたもの （高低）
ウ 上の字が下の字を修飾しているもの （洋画）
エ 下の字が上の字の目的語・補語になっているもの （着席）
オ 上の字が下の字の意味を打ち消しているもの （非常）

次の熟語は右の**ア〜オ**のどれにあたるか、**一つ**選び、**記号**で答えよ。

1 濃霧
2 委任
3 未完
4 瞬間
5 更衣
6 継続
7 因果
8 恩恵
9 需給
10 汚職

解答

(三)
1 オ
2 イ
3 キ
4 コ
5 ア

(四)
1 ウ
2 ア
3 オ
4 ウ
5 エ
6 ア
7 イ
8 ア
9 イ
10 エ

(五) 次の漢字の部首をア～エから一つ選び、記号で答えよ。 (10) 1×10

1 奥（ア冂 イ米 ウ一 エ大）
2 務（アマ イ矛 ウ夂 エ力）
3 斜（ア𠆢 イ八 ウ斗 エ十）
4 幕（ア艹 イ日 ウ一 エ巾）
5 殿（ア尸 イ八 ウ殳 エ又）
6 商（ア亠 イ冂 ウ儿 エ口）
7 恵（ア一 イ十 ウ田 エ心）
8 雌（ア止 イ匕 ウ比 エ隹）
9 歓（アノ イ隹 ウ欠 エ人）
10 彩（アノ イ爫 ウ木 エ彡）

(六) 後の□内のひらがなを漢字に直して□に入れ、対義語・類義語を作れ。□内のひらがなは一度だけ使い、一字記せ。 (20) 2×10

対義語

1 短縮―□長
2 困難―□易
3 油断―□戒
4 抵抗―□従
5 保守―□新

類義語

6 周到―□密
7 回想―□憶
8 早速―即□
9 黙認―看□
10 案内―□導

えん・か・かく・けい・こく
せん・つい・ふく・めん・よう

(五)
1 エ 2 エ 3 ウ 4 エ 5 ウ 6 エ 7 エ 8 エ 9 ウ 10 エ

(六)
1 延 2 容 3 警 4 服 5 革 6 綿 7 追 8 刻 9 過 10 先

(七) 次の――線のカタカナを漢字一字と送りがな（ひらがな）に直せ。 (10) 2×5

〈例〉問題にコタエル。 答える

1 ツメタイ水を一杯ください。

2 申し出をココロヨク引き受けた。

3 彼の真意をタシカメルことだ。

4 避暑地でのんびり休暇をスゴス。

5 考えを素直にノベルことにした。

(八) 文中の四字熟語の――線のカタカナを漢字に直せ。 (20) 2×10

1 恩師の教えを金カ玉条にしている。

2 一意セン心して取り組む覚悟だ。

3 晴コウ雨読の生活にあこがれる。

4 ゲン行一致の彼は信望が厚い。

5 信賞ヒツ罰の姿勢でのぞむ。

6 ハク学多才な上に思いやりもある。

7 彼が堕《だ》落したのは因果オウ報である。

8 彼女は意味シン長な発言をした。

9 明キョウ止水の心境になる。

10 コ事来歴を訪ねるツアーに参加する。

(九) 次の各文にまちがって使われている同じ読みの漢字が一字ある。上に誤字を、下に正しい漢字を記せ。 (10) 2×5

1 遺跡巡りの狭い山道で唐突に視野が開け、見事な広景が望めた。

2 計画案は絶対多数で否決される可能性が高いので、事前に復案を練る。

3 被災地対応策の優先順位を検討し、負傷者の給護活動に専念した。

解答

(七) 1 冷たい 2 快く 3 確かめる 4 過ごす 5 述べる

(八) 1 科 2 専 3 耕 4 言 5 必 6 博 7 応 8 深 9 鏡 10 故

(九) 1 広・光 2 復・腹 3 給・救 4 致・置 5 性・勢

4 未解決のまま放致した諸課題が山積しており見識ある判断が必要だ。

5 当方の劣性を一挙に逆転させる奇策は敵に看破されて無用となった。

(十) 次の――線のカタカナを漢字に直せ。 (40) 2×20

1 この書類にはショメイが必要だ。

2 自らの身のケッパクを証明した。

3 詩をロウドクする会が開かれた。

4 ハイカン料を払って見学した。

5 シュシャ選択《たく》する必要がある。

6 事態はシンコクな状況となった。

7 大雨警報はカイジョされた。

8 昆《こん》虫サイシュウに友と出かけた。

9 親から子にイデンしたものだ。

10 森はシンピ的な空気に包まれた。

11 この工事はキケンを伴う。

12 ジョウキ機関車が村を走る。

13 他国のリョウイキを侵すな。

14 テレビ番組をシュウロクした。

15 キュウキュウ車で病院に運んだ。

16 浜辺で美しい貝をヒロった。

17 新しい仕事にツくことになった。

18 ようやく子どもをサズかった。

19 自分の失敗はすぐにアヤマろう。

20 母はヤサしい顔で迎えてくれた。

(十)
1 署名
2 潔白
3 朗読
4 拝観
5 取捨
6 深刻
7 解除
8 採集
9 遺伝
10 神秘
11 危険
12 蒸気
13 領域
14 収録
15 救急
16 拾
17 就
18 授
19 謝
20 優

実戦模擬テスト〈第3回〉

解答には、常用漢字の旧字体や表外漢字および常用漢字音訓表以外の読みを使ってはいけない。

時間　60分
合格点　140点
得点　／200

(一) 次の——線の読みをひらがなで記せ。　(30) 1×30

1 現実に即応した行動が必要だ。
2 長年の念願がかなない本望だ。
3 食事をしながら歓談した。
4 毎日、公園の中を散策している。
5 湖の水質汚濁が問題である。
6 友の働きに触発されて努力する。
7 いつかあの冬山を征服したい。
8 少年時代を追憶した手記。
9 軽妙な筆致で知られる作家だ。
10 子どもは神妙な顔で聞いている。
11 計算は欄外の余白を使いなさい。
12 事業の成功で会社は躍進した。
13 これは繁殖力が強い外来種だ。
14 運動会は曇天の中無事終わった。
15 就職は依然厳しい状況にある。
16 野菜は自動車で搬送される。
17 彼のうまい甘言にはのるな。
18 鋭利なナイフで切られている。
19 敵の襲撃をかわして逃げた。

解答

(一)
1 そくおう
2 ほんもう
3 かんだん
4 さんさく
5 おだく
6 しょくはつ
7 せいふく
8 ついおく
9 ひっち
10 しんみょう
11 らんがい
12 やくしん
13 はんしょく
14 どんてん
15 いぜん
16 はんそう
17 かんげん
18 えいり
19 しゅうげき

20 高速道路の橋脚を造る工事だ。

21 作家の貴重な草稿が発見された。

22 ようやく借金が皆済できた。

23 この部分の論は詳述が必要だ。

24 難を逃れて親類の家に行った。

25 厳かな雰《ふん》囲気の中での式だった。

26 彼はほっと吐息をもらした。

27 彼女は透きとおるような声だ。

28 最近為替相場の変動が激しい。

29 運動神経は鈍いが器用だ。

30 この獣道を通って山頂に出る。

(二) 次の——線の**カタカナ**にあてはまる漢字をそれぞれの**ア〜オ**から**一つ**選び、**記号**で答えよ。 (30) 2×15

1 彼の優勝は前例のない快**キョ**だ。

2 長い**キョ**離を歩く遠足を行う。

3 不法占**キョ**で逮捕される。

(ア 距　イ 挙　ウ 巨　エ 拠　オ 許)

4 長期間逃**ボウ**した犯人が捕まる。

5 **ボウ**観的な態度はやめてほしい。

6 あいさつの**ボウ**頭に入れる話だ。

(ア 肪　イ 望　ウ 亡　エ 傍　オ 冒)

7 祖母は**コ**いお茶が好きだ。

8 絵画を見る目の**コ**えた人だ。

9 国境を**コ**えて隣国に着いた。

(ア 肥　イ 越　ウ 込　エ 濃　オ 超)

10 友の住所を実家に**ショウ**会した。

11 初めに自己**ショウ**介してください。

12 まず**ショウ**細な報告があった。

(ア 紹　イ 詳　ウ 照　エ 招　オ 障)

13 環境への**テキ**応能力が高い。

14 会社の不正が**テキ**発された。

15 病院で点**テキ**を打ってもらった。

(ア 的　イ 滴　ウ 敵　エ 適　オ 摘)

20 きょうきゃく
21 そうこう
22 かいさい
23 しょうじゅつ
24 のが
25 おごそ
26 といき
27 す
28 かわせ
29 にぶ
30 けものみち

(二)
1 イ
2 ア
3 エ
4 ウ
5 エ
6 オ
7 エ
8 ア
9 イ
10 ウ
11 ア
12 イ
13 エ
14 オ
15 イ

(三) 1～5の三つの□に**共通する漢字**を入れて熟語を作れ。漢字は**ア～コ**から**一つ**選び、**記号**で答えよ。 (10) 2×5

1 □議・対□・抵□
2 □反・□法・□和感
3 感□・落□・□声
4 魚□・投□・□絵
5 □弱・□情・□着

ア 覚	イ 影	ウ 意	エ 涙	
オ 薄	カ 違	キ 義	ク 強	
ケ 抗	コ 球			

(四) **熟語の構成**のしかたには次のようなものがある。 (20) 2×10

ア 同じような意味の漢字を重ねたもの (岩石)
イ 反対または対応の意味を表す字を重ねたもの (高低)
ウ 上の字が下の字を修飾しているもの (洋画)
エ 下の字が上の字の目的語・補語になっているもの (着席)
オ 上の字が下の字の意味を打ち消しているもの (非常)

次の熟語は右のア～オのどれにあたるか、**一つ**選び、**記号**で答えよ。

1 是非
2 解禁
3 近況
4 浮沈
5 配慮
6 繁茂
7 離合
8 不屈
9 着脱
10 淡彩

解答

(三) 1 ケ 2 カ 3 エ 4 イ 5 オ

(四) 1 イ 2 エ 3 ウ 4 イ 5 エ 6 ア 7 イ 8 オ 9 イ 10 ウ

㈤ 次の漢字の**部首**をア～エから一つ選び、記号で答えよ。　(10) 1×10

1 影（ア 日　イ 亠　ウ 口　エ 彡）
2 案（ア 宀　イ 冖　ウ 女　エ 木）
3 執（ア 土　イ 干　ウ 乙　エ 丶）
4 唐（ア 广　イ 口　ウ ヨ　エ 厂）
5 再（ア 一　イ 十　ウ 土　エ 冂）
6 墓（ア 艹　イ 日　ウ 一　エ 土）
7 疲（ア 广　イ 疒　ウ 又　エ 皮）
8 隷（ア 士　イ 示　ウ 隶　エ 水）
9 露（ア 雨　イ 𧾷　ウ 夂　エ 口）
10 郵（ア ノ　イ 土　ウ 一　エ 阝）

㈥ 後の□内のひらがなを漢字に直して□に入れ、**対義語**・**類義語**を作れ。□内のひらがなは一度だけ使い、**一字**記せ。　(20) 2×10

対義語

1 歓声 ― 悲□
2 進撃 ― □却
3 鋭敏 ― 鈍□
4 禁止 ― □可
5 全休 ― □勤

類義語

6 脈絡 ― □道
7 容易 ― □単
8 考慮 ― 思□
9 黙殺 ― 無□
10 露見 ― 発□

あん・かい・かく・かん・きょ
し・じゅう・すじ・たい・めい

㈤ 1 エ　2 エ　3 ア　4 イ　5 エ　6 エ　7 イ　8 ウ　9 ア　10 エ

㈥ 1 鳴　2 退　3 重　4 許　5 皆　6 筋　7 簡　8 案　9 視　10 覚

(七) 次の――線のカタカナを漢字一字と送りがな(ひらがな)に直せ。 (10) 2×5

〈例〉 問題にコタエル。 答える

1 夏は毎朝シャワーをアビル。
2 老人をウヤマウことが大事だ。
3 オサナイ子どもを連れて参加する。
4 忙しくて時間の余裕がホシイ。
5 新しい店をカマエルことにした。

(八) 文中の四字熟語の――線のカタカナを漢字に直せ。 (20) 2×10

1 大キ晩成を信じて努力を重ねる。
2 実は同床異ムの間柄だ。
3 用意シュウ到に計画する。
4 ジン跡未踏の地を探検する。
5 面従腹ハイな態度では成長しない。
6 彼の意志堅ゴな性格は父親ゆずりだ。
7 天ペン地異の恐ろしさを実感する。
8 美ジ麗句を並べたてる。
9 彼の小説は同コウ異曲のものが多い。
10 恩師は博覧キョウ記で知られている。

(九) 次の各文にまちがって使われている同じ読みの漢字が一字ある。上に誤字を、下に正しい漢字を記せ。 (10) 2×5

1 難民救災のため派遣された国連職員が凶悪な事件に巻き込まれた。
2 優勝候捕の筆頭に挙げられたが、負傷者が続出して一回戦で敗れた。
3 万一の物損事故に備えて大規模で信頼できる保検会社を選んだ。

解答

(七)
1 浴びる
2 敬う
3 幼い
4 欲しい
5 構える

(八)
1 器
2 夢
3 周
4 人
5 背
6 固
7 変
8 辞
9 工
10 強

(九)
1 災・済
2 捕・補
3 検・険
4 縁・沿
5 覚・確

4 小旗を振って縁道で声援を送る人々の群れの中に隠れて見えない。

5 敵の動静からその意図を的覚につかみ適切な判断を下す必要がある。

(十) 次の――線のカタカナを漢字に直せ。 (40) 2×20

1 大いにフンキして練習した。

2 病気予防のチュウシャをした。

3 飛行機のソウジュウは難しい。

4 運動中は水のホキュウが必要だ。

5 目上の方にはケイゴを使いたい。

6 彼はチョウヘン小説の作家だ。

7 時代のチョウリュウに乗る。

8 彼はシヤの広い人物だよ。

9 高速道路がジュウオウに走る。

10 名画のモシャをして勉強した。

11 敵にフクジュウしたくない。

12 おおよそのスイサツがつくよ。

13 事業の運営にシショウをきたす。

14 リンジの駐《ちゅう》車場を設けている。

15 畑に十分なヒリョウをやる。

16 父はパン屋をイトナんでいる。

17 この時計は正確に時をキザむ。

18 人が人をサバくことは難しい。

19 計画の説明をオギナう。

20 彼の恩にムクいたいと思う。

(十)
1 奮起
2 注射
3 操縦
4 補給
5 敬語
6 長編
7 潮流
8 視野
9 縦横
10 模写
11 服従
12 推察
13 支障
14 臨時
15 肥料
16 営
17 刻
18 裁
19 補
20 報

絶対覚えたい! 読み

基本的に4級配当漢字から出題されるので、4級に配当された漢字の読みを確実に身につけておく必要がある。ここでは、過去に出題された読みの問題の中から、特に重要な読みばかりを集めた。また、小学校で学習する漢字のうち、中学校で習う漢字の読みや熟字訓も出題されることがあるので注意したい。

（・印は4級配当漢字）

仰・ぐ	アオぐ
握・手	アクシュ
鮮・やか	アザやか
扱・い	アツカい
脂・汗・	アブラアセ
淡・い	アワい
威・儀・	イギ
異・彩・	イサイ
維・持	イジ
忙・しい	イソガしい
芋・	イモ
偉・容	イヨウ

依・頼・	イライ
隠・居	インキョ
伺・う	ウカガう
薄・い	ウスい
訴・える	ウッタえる
栄誉・	エイヨ
描・く	エガく
越・冬	エットウ
縁・故	エンコ
公	オオヤケ
冒・す	オカす
侵・す	オカす

憶・測	オクソク
襲・う	オソう
汚・濁・	オダク
開拓・	カイタク
抱・える	カカえる
輝・く	カガヤく
隠・れる	カクれる
駆・ける	カける
箇・条	カジョウ
堅・い	カタい
狩・り	カり
刈・る	カる

甘・言	カンゲン
乾・燥・	カンソウ
含・有	ガンユウ
感涙・	カンルイ
戯・曲	ギキョク
奇・抜・	キバツ
脚・光	キャッコウ
驚・嘆・	キョウタン
仰・天	ギョウテン
鎖・	クサリ
駆・使	クシ
朽・ちる	クちる
屈・指	クッシ
繰・る	クる
詳・しい	クワしい
軽・薄・	ケイハク
堅・持	ケンジ

濃・い	コい
豪・快	ゴウカイ
恒・久	コウキュウ
交替・	コウタイ
被・る	コウムる
恒・例	コウレイ
誇・張	コチョウ
鼓・舞・	コブ
怖・い	コワい
壊・す	コワす
根拠・	コンキョ
困惑・	コンワク
採掘・	サイクツ
避・ける	サける
雑踏・	ザットウ
支援・	シエン
茂・る	シゲる

市販・	シハン
就寝・	シュウシン
襲・来	シュウライ
趣・旨・	シュシ
巡・回	ジュンカイ
詳・細	ショウサイ
称賛	ショウサン
招致・	ショウチ
象徴・	ショウチョウ
詳・報	ショウホウ
情報網・	ジョウホウモウ
処罰・	ショバツ
侵害	シンガイ
慎・重	シンチョウ
神妙・	シンミョウ
尋・問	ジンモン
透・ける	スける

勧める	ススめる
澄む	スむ
寸暇	スンカ
精鋭	セイエイ
静寂	セイジャク
生鮮	セイセン
征服	セイフク
狭まる	セバまる
是非	ゼヒ
迫る	セマる
先駆	センク
扇子	センス
装飾	ソウショク
騒然	ソウゼン
即応	ソクオウ
背ける	ソムける
蓄える	タクワえる

頼もしい	タノもしい
黙る	ダマる
丹精	タンセイ
弾力	ダンリョク
遅延	チエン
中旬	チュウジュン
跳躍	チョウヤク
追憶	ツイオク
尽くす	ツくす
粒	ツブ
詰める	ツめる
抵触	テイショク
提訴	テイソ
停泊	テイハク
手柄	テガラ
天井	テンジョウ
店舗	テンポ

透視	トウシ
闘志	トウシ
踏襲	トウシュウ
唐突	トウトツ
溶かす	トかす
独占	ドクセン
戸惑う	トマドう
吐露	トロ
曇天	ドンテン
嘆く	ナゲく
握る	ニギる
濁す	ニゴす
鈍い	ニブい
柔和	ニュウワ
濃縮	ノウシュク
軒先	ノキサキ
載せる	ノせる

輩出	ハイシュツ
拍車	ハクシャ
派遣	ハケン
弾む	ハズむ
波紋	ハモン
反響	ハンキョウ
搬送	ハンソウ
繁茂	ハンモ
販路	ハンロ
彼岸	ヒガン
悲惨	ヒサン
匹敵	ヒッテキ
暇	ヒマ
拍子	ヒョウシ
描写	ビョウシャ
微力	ビリョク
敏速	ビンソク

風刺	フウシ
普及	フキュウ
不朽	フキュウ
噴く	フく
浮沈	フチン
震える	フルえる
噴出	フンシュツ
傍観	ボウカン
捕獲	ホカク
矛先	ホコサキ
誇り	ホコり
本望	ホンモウ
慢心	マンシン
峰	ミネ
矛盾	ムジュン
迷惑	メイワク
巡る	メグる

猛威	モウイ
目撃	モクゲキ
黙想	モクソウ
模範	モハン
薬剤	ヤクザイ
優雅	ユウガ
雄大	ユウダイ
謡曲	ヨウキョク
余暇	ヨカ
欄干	ランカン
離脱	リダツ
療養	リョウヨウ
隷属	レイゾク
劣勢	レッセイ
連峰	レンポウ
老朽	ロウキュウ
路傍	ロボウ

絶対覚えたい!

書き取り

小学校で学習する漢字は千文字程度であるが、確実に得点できるように、音読み・訓読みともしっかり身につけておきたい。ここでは、過去に出題された書き取り問題の中から、特に重要なものを取り上げた。

アズける	預ける
アッシュク	圧縮
アバれる	暴れる
アむ	編む
アヤぶむ	危ぶむ
アンピ	安否
イサン	遺産
イトナみ	営み
インサツ	印刷
ウチュウ	宇宙
ウチワケ	内訳
ウツす	移す

ウメボし	梅干し
ウラギる	裏切る
ウンチン	運賃
エンキ	延期
エンセン	沿線
エンソウ	演奏
オウフク	往復
オオヤケ	公
オガむ	拝む
オゴソか	厳か
オしはかる	推しはかる
オトズれる	訪れる

オビ	帯
オる	織る
カイカク	改革
カう	飼う
カゲキ	過激
カセン	河川
カタガワ	片側
カミツ	過密
カンケツ	簡潔
カンリャク	簡略
キガイ	危害
キクバリ	気配り

キザむ	刻む
キズく	築く
キズグチ	傷口
キソク	規則
キチョウ	貴重
ギネン	疑念
キュウゴ	救護
キュウシュウ	吸収
キョウリ	郷里
キンニク	筋肉
キンベン	勤勉
クダ	管
クれる	暮れる
ケイカ	経過
ゲイノウ	芸能
ケシン	化身
ケンゲン	権限

ケンチク	建築
コウフン	興奮
コキザみ	小刻み
コキュウ	呼吸
コクモツ	穀物
ココロザす	志す
コヅツミ	小包
コトなる	異なる
コトワる	断る
コナ	粉
コマる	困る
コメダワラ	米俵
コンザツ	混雑
コンジョウ	根性
サイガイ	災害
サイゲン	際限
ザイサン	財産

サイテキ	最適
サカん	盛ん
サグる	探る
サズかる	授かる
サッソク	早速
サトウ	砂糖
サます	冷ます
サンピ	賛否
サンミ	酸味
シゲン	資源
ジシャク	磁石
シタガう	従う
シヤ	視野
シャソウ	車窓
シュウニン	就任
シュウノウ	収納
ジュクレン	熟練

ジュリツ	樹立
ショウタイ	招待
ショウニン	承認
シンピ	神秘
スイシン	推進
スう	吸う
スガオ	素顔
スガタ	姿
スグれる	優れる
スジミチ	筋道
スダつ	巣立つ
スンダン	寸断
セツヤク	節約
センデン	宣伝
センドウ	先導
センネン	専念
ソウサ	操作
ソウリツ	創立
ソソぐ	注ぐ
ソムく	背く
ソンゲン	尊厳
タイキ	待機
タガヤす	耕す
タシかめる	確かめる
タビカサなる	度重なる
タらす	垂らす
ダンカイ	段階
タンシュク	短縮
ダンペン	断片
チノみ	乳飲み
チョサク	著作
チョゾウ	貯蔵
ツウカイ	痛快
ツウヤク	通訳
テアツい	手厚い
テイデン	停電
テイド	程度
テキド	適度
テサグり	手探り
テンコ	点呼
テンジ	展示
ドキョウ	度胸
ドクジ	独自
ドクゼツ	毒舌
ドクソウ	独創
トざす	閉ざす
トナえる	唱える
ナサけ	情け
ナミキ	並木
ナれる	慣れる
ネビき	値引き
ノウゼイ	納税
ハイカン	拝観
ハゲしい	激しい
ハナタバ	花束
ハブく	省く
ハヘン	破片
ハる	張る
ヒえる	冷える
ヒキいる	率いる
ヒタイ	額
ヒヨウ	費用
ヒョウジュン	標準
ヒロう	拾う
フクザツ	複雑
フシメ	節目
フルう	奮う
フルキズ	古傷
ヘる	経る
ベンゼツ	弁舌
ボウエキ	貿易
ボウハン	防犯
ホウフ	豊富
ホしい	欲しい
ホシュウ	補修
ホす	干す
マく	巻く
マサる	勝る
マズしい	貧しい
マドベ	窓辺
マネく	招く
ミキ	幹
ミチビく	導く
ミッセツ	密接
ミナモト	源
ムチュウ	夢中
ムれ	群れ
メイシン	迷信
メガネ	眼鏡
モえる	燃える
モシャ	模写
モトづく	基づく
ヤサしい	優しい
ヤシナう	養う
ユソウ	輸送
ユライ	由来
ヨケイ	余計
ヨソク	予測
リンジ	臨時
ロクオン	録音
ワギリ	輪切り
ワタ	綿

絶対覚えたい!

同音異字

4級に配当された漢字を中心として、小学校で学習する漢字で同音のものを組み合わせて出題される。特に4級配当漢字で同音のものについては、その使い方を確実に身につけておきたい。ここでは、過去に出題された問題を中心として、紛らわしい同音の漢字を取り上げた。

い

威《い》勢《せい》　依《い》頼《らい》　違《い》反《はん》　行《こう》為《い》

えい

英《えい》断《だん》　影《えい》像《ぞう》　気《き》鋭《えい》

えん

縁《えん》側《がわ》　煙《えん》突《とつ》　鉛《えん》筆《ぴつ》

かい

介《かい》入《にゅう》　警《けい》戒《かい》　倒《とう》壊《かい》　皆《かい》勤《きん》

かん

簡《かん》潔《けつ》　勧《かん》告《こく》　甘《かん》美《び》　監《かん》査《さ》　歓《かん》談《だん》　鑑《かん》定《てい》　観《かん》念《ねん》

き

祈《き》願《がん》　机《き》上《じょう》　奇《き》抜《ばつ》　寄《き》与《よ》　光《こう》輝《き》　指《し》揮《き》　鬼《き》門《もん》

ぎ

戯《ぎ》曲《きょく》　疑《ぎ》念《ねん》　論《ろん》議《ぎ》　儀《ぎ》礼《れい》

きゅう

究《きゅう》明《めい》　不《ふ》朽《きゅう》　及《きゅう》第《だい》　砂《さ》丘《きゅう》

きょ

快《かい》挙《きょ》　距《きょ》離《り》　占《せん》拠《きょ》　巨《きょ》大《だい》

きょう

影《えい》響《きょう》　驚《きょう》嘆《たん》　熱《ねっ》狂《きょう》　絶《ぜっ》叫《きょう》　実《じっ》況《きょう》　恐《きょう》怖《ふ》　吉《きっ》凶《きょう》

けい

恩《おん》恵《けい》　傾《けい》向《こう》　継《けい》承《しょう》

けん

堅《けん》持《じ》　兼《けん》務《む》　派《は》遣《けん》

こ

誇《こ》張《ちょう》　証《しょう》拠《こ》　太《たい》鼓《こ》

こう

抗《こう》争《そう》　恒《こう》例《れい》　専《せん》攻《こう》　抵《てい》抗《こう》　変《へん》更《こう》

さい

記《き》載《さい》　救《きゅう》済《さい》　水《すい》彩《さい》　採《さい》算《さん》

し

趣《しゅ》旨《し》　風《ふう》刺《し》　脂《し》肪《ぼう》　勇《ゆう》姿《し》

しゅう

秀《しゅう》才《さい》　修《しゅう》復《ふく》　踏《とう》襲《しゅう》

じゅん

基《き》準《じゅん》　巡《じゅん》視《し》　初《しょ》旬《じゅん》

しょう
照《しょう》会《かい》　紹《しょう》介《かい》　詳《しょう》細《さい》　称《しょう》賛《さん》　湖《こ》沼《しょう》　召《しょう》集《しゅう》　臨《りん》床《しょう》

しょく
植《しょく》樹《じゅ》　養《よう》殖《しょく》　装《そう》飾《しょく》　抵《てい》触《しょく》

しん
浸《しん》水《すい》　侵《しん》入《にゅう》　不《ふ》振《しん》　慎《しん》重《ちょう》

じん
尋《じん》問《もん》　陣《じん》容《よう》　尽《じん》力《りょく》

せい
帰《き》省《せい》　征《せい》服《ふく》　盛《せい》大《だい》　同《どう》姓《せい》

せん
宣《せん》告《こく》　扇《せん》動《どう》　鮮《せん》明《めい》　独《どく》占《せん》

そう
乾《かん》燥《そう》　操《そう》作《さ》　騒《そう》動《どう》

たん
生《せい》誕《たん》　端《たん》正《せい》　冷《れい》淡《たん》　丹《たん》精《せい》　分《ぶん》担《たん》

ち
一《いっ》致《ち》　設《せっ》置《ち》　遅《ち》刻《こく》

てき
適《てき》応《おう》　摘《てき》発《はっ》　点《てん》滴《てき》

てん
添《てん》加《か》　展《てん》開《かい》　点《てん》灯《とう》

とう
浸《しん》透《とう》　雑《ざっ》踏《とう》　倒《とう》壊《かい》　闘《とう》志《し》

はい
苦《く》杯《はい》　背《はい》後《ご》　輩《はい》出《しゅつ》

はく
気《き》迫《はく》　停《てい》泊《はく》　拍《はく》手《しゅ》

はん
範《はん》囲《い》　搬《はん》送《そう》　繁《はん》茂《も》　販《はん》路《ろ》

ひ
回《かい》避《ひ》　被《ひ》害《がい》　彼《ひ》岸《がん》　悲《ひ》願《がん》　否《ひ》決《けつ》　批《ひ》評《ひょう》　疲《ひ》労《ろう》

び
首《しゅ》尾《び》　備《び》蓄《ちく》　微《び》動《どう》

ふ
浮《ふ》上《じょう》　腐《ふ》心《しん》　普《ふ》及《きゅう》　賦《ふ》与《よ》　皮《ひ》膚《ふ》

ほ
捕《ほ》獲《かく》　補《ほ》給《きゅう》　舗《ほ》装《そう》

ほう
主《しゅ》峰《ほう》　砲《ほう》丸《がん》　抱《ほう》負《ふ》

ぼう
多《た》忙《ぼう》　傍《ぼう》観《かん》　脱《だっ》帽《ぼう》　冒《ぼう》頭《とう》

よ
栄《えい》誉《よ》　余《よ》念《ねん》　授《じゅ》与《よ》　預《よ》金《きん》

絶対覚えたい!

同訓異字

4級と小学校で学習する漢字で同訓のものを組み合わせて出題される。特に4級以下に配当された漢字で同訓のものは少ないので、確実に身につけておきたい。ここでは、過去に出題された問題を中心として、紛らわしい同訓の漢字を取り上げた。

あ
- ドアが開く。
- 席が空く。
- 手を挙げる。

い
- 花を生ける。
- お金が要る。
- 弓矢を射る。
- 母が庭に居る。

う(つ)
- 敵陣を討つ。
- 鉄砲を撃つ。
- ボールを打つ。

お
- けがを負う。
- 市長に推す。
- 念を押す。

か
- 鳥獣を狩る。
- 草を刈る。
- 花が枯れる。
- すぐに駆けつける。

かた
- 堅苦しいあいさつ。
- 肩身が狭い。
- 型破りな手法。

く
- 木が朽ちる。
- 平凡な暮らし。
- 練習を繰り返す。

こ
- 味が濃い。
- 運動不足で肥える。
- 山を越える。

さ
- 人目を避ける。
- 黒板を指す。
- 針で刺す。
- 刀を差す。

す
- ガラスを透かす。
- 耳を澄ます。
- 用事を済ます。

そ
- 手紙を添える。
- 方針に沿う。
- 髪を染める。

た
- 苦痛に耐える。
- 連絡が絶える。
- 人手が足りる。

つ
- 弱点を突く。
- 仕事に就く。
- 父の事業を継ぐ。
- 電話を取り次ぐ。

つ
- 茶を摘む。
- 最善を尽くす。
- 弁当を詰める。

つと(める)
- 勉学に努める。
- 会社に勤める。
- 役員を務める。

と
- 指揮を執る。
- 光を採り入れる。
- 宿に泊まる。
- ボタンを留める。
- 犯人を捕らえる。

と(く)
- 問題を解く。
- 仏の教えを説く。
- 粉薬を水で溶く。

に
- 犯人が逃げる。
- 野菜を煮る。
- 母に顔が似る。

の
- 写真が載る。
- 試合が延びる。
- 意見を述べる。

は
- 弱音を吐く。
- 失態を恥じる。
- 大役を果たす。
- 夕日に映える。

ふ
- 旗を振る。
- 雨が降る。
- お金を殖やす。
- 会員を増やす。

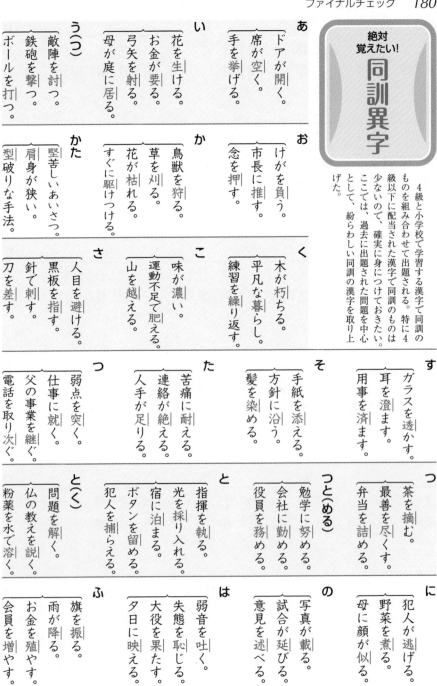

絶対覚えたい！ 部首

4級に配当された漢字と小学校で学習する漢字の中で、間違えやすい部首の漢字が出題される。ここでは、過去に出題された問題を中心として、間違えやすい部首の漢字を取り上げた。

歓▼欠（あくび）
躍▼⻊（あしへん）
窓▼穴（あなかんむり）
罰▼罒（あみがしら あみめ・よこめ）
並▼一（いち）
紫▼糸（いと）
繁▼糸（〃）
獣▼犬（いぬ）
寝▼宀（うかんむり）
密▼宀（〃）
興▼臼（うす）
驚▼馬（うま）

環▼王（おうへん たまへん）
乾▼乙（おつ）
響▼音（おと）
鬼▼鬼（おに）
新▼斤（おのづくり）
威▼女（おんな）
賦▼貝（かいへん）
髪▼髟（かみがしら）
辞▼辛（からい）
厚▼厂（がんだれ）
案▼木（き）
朱▼木（〃）

徴▼彳（ぎょうにんべん）
御▼彳（〃）
蓄▼艹（くさかんむり）
薪▼艹（〃）
召▼口（くち）
商▼口（〃）
唐▼口（〃）
圏▼囗（くにがまえ）
載▼車（くるま）
黙▼黒（くろ）
玄▼玄（げん）
誉▼言（げん）

孝▼子（こ）
慮▼心（こころ）
裁▼衣（ころも）
襲▼衣（〃）
盤▼皿（さら）
盛▼皿（〃）
彩▼彡（さんづくり）
影▼彡（〃）
屈▼尸（しかばね）
票▼示（しめす）
尋▼寸（すん）
画▼田（た）
畳▼田（〃）
奥▼大（だい）
勧▼力（ちから）
務▼力（〃）
墓▼土（つち）

執▼土（つち）
搬▼扌（てへん）
丹▼丶（てん）
再▼冂（どうがまえ けいがまえ まきがまえ）
扇▼戸（とだれ とかんむり）
井▼二（に）
腐▼肉（にく）
膚▼肉（〃）
脚▼月（にくづき）
倒▼亻（にんべん）
傾▼亻（〃）
乗▼丿（の はらいぼう）
秀▼禾（のぎ）
釈▼釆（のごめ）
敬▼攵（のぶん ぼくづくり）
兼▼八（はち）
翼▼羽（はね）

幕▼巾（はば）
暦▼日（ひ）
児▼儿（ひとあし にんにょう）
豪▼豕（ぶた・いのこ）
舟▼舟（ふね）
離▼隹（ふるとり）
雌▼隹（〃）
戯▼戈（ほこづくり ほこがまえ）
戒▼戈（〃）
職▼耳（みみへん）
覧▼見（みる）
盾▼目（め）
弟▼弓（ゆみ）
到▼刂（りっとう）
劇▼刂（〃）
殿▼殳（るまた ほこづくり）
隷▼隶（れいづくり）

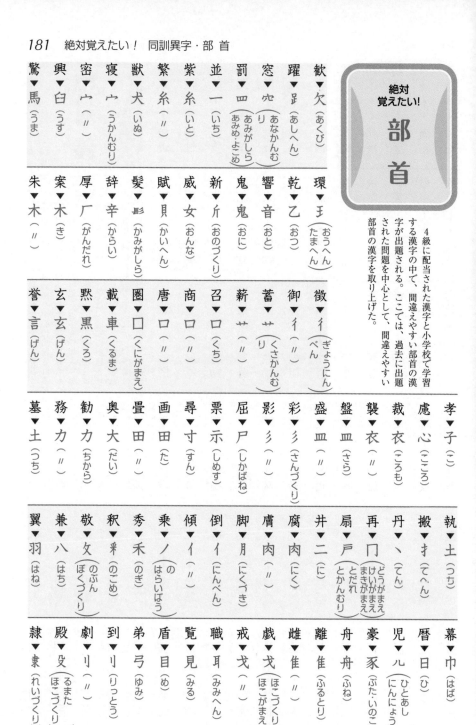

絶対覚えたい!

対義語

どちらかに4級配当漢字を含む熟語が使われている対義語を中心に出題される。対義語の多くは決まった熟語の組み合わせとなるが、「脱退」に対する「加入」「加盟」のように、複数の熟語がある場合は注意したい。ここでは、過去に出題された対義語を中心に、対義語として問われると思われる熟語を下段に示し、空欄になる可能性の高い字を赤文字とした。

一致《いっち》↕相違《そうい》
陰性《いんせい》↕陽性《ようせい》
鋭敏《えいびん》↕鈍重《どんじゅう》
憶測《おくそく》↕確信《かくしん》
解散《かいさん》↕結成《けっせい》
介入《かいにゅう》↕傍観《ぼうかん》
歓喜《かんき》↕苦悩《くのう》
歓声《かんせい》↕悲鳴《ひめい》
起床《きしょう》↕就寝《しゅうしん》
期待《きたい》↕失望《しつぼう》
希薄《きはく》↕濃密《のうみつ》
義務《ぎむ》↕権利《けんり》

却下《きゃっか》↕受理《じゅり》
強固《きょうこ》↕薄弱《はくじゃく》
凶作《きょうさく》↕豊作《ほうさく》
強制《きょうせい》↕任意《にんい》
巨大《きょだい》↕微細《びさい》
禁止《きんし》↕許可《きょか》
警戒《けいかい》↕油断《ゆだん》
継続《けいぞく》↕中断《ちゅうだん》
決定《けってい》↕保留《ほりゅう》
兼業《けんぎょう》↕専業《せんぎょう》
厳冬《げんとう》↕盛夏《せいか》
故意《こい》↕過失《かしつ》

高雅《こうが》↕低俗《ていぞく》
攻撃《こうげき》↕防衛《ぼうえい》
固定《こてい》↕流動《りゅうどう》
困難《こんなん》↕容易《ようい》
自供《じきょう》↕黙秘《もくひ》
子孫《しそん》↕先祖《せんぞ》
質疑《しつぎ》↕応答《おうとう》
地味《じみ》↕派手《はで》
集合《しゅうごう》↕解散《かいさん》
終盤《しゅうばん》↕序盤《じょばん》
縮小《しゅくしょう》↕拡大《かくだい》
出発《しゅっぱつ》↕到着《とうちゃく》

需要《じゅよう》↕供給《きょうきゅう》
消費《しょうひ》↕生産《せいさん》
自立《じりつ》↕従属《じゅうぞく》
進撃《しんげき》↕退却《たいきゃく》
親切《しんせつ》↕冷淡《れいたん》
慎重《しんちょう》↕軽率《けいそつ》
侵入《しんにゅう》↕退去《たいきょ》
信用《しんよう》↕疑惑《ぎわく》
水平《すいへい》↕鉛直《えんちょく》
正統《せいとう》↕異端《いたん》
全休《ぜんきゅう》↕皆勤《かいきん》
増進《ぞうしん》↕減退《げんたい》
大敗《たいはい》↕圧勝《あっしょう》
濁流《だくりゅう》↕清流《せいりゅう》
脱退《だったい》↕加盟《かめい》
短縮《たんしゅく》↕延長《えんちょう》
単純《たんじゅん》↕複雑《ふくざつ》

徴収《ちょうしゅう》↕納入《のうにゅう》
直面《ちょくめん》↕回避《かいひ》
沈殿《ちんでん》↕浮遊《ふゆう》
追跡《ついせき》↕逃亡《とうぼう》
抵抗《ていこう》↕服従《ふくじゅう》
定例《ていれい》↕臨時《りんじ》
独立《どくりつ》↕隷属《れいぞく》
難解《なんかい》↕平易《へいい》
年始《ねんし》↕歳末《さいまつ》
破壊《はかい》↕建設《けんせつ》
反抗《はんこう》↕服従《ふくじゅう》
繁雑《はんざつ》↕簡略《かんりゃく》
反応《はんのう》↕刺激《しげき》
非難《ひなん》↕称賛《しょうさん》
病弱《びょうじゃく》↕丈夫《じょうぶ》
不振《ふしん》↕好調《こうちょう》
分離《ぶんり》↕結合《けつごう》

閉鎖《へいさ》↕開放《かいほう》
返却《へんきゃく》↕借用《しゃくよう》
保守《ほしゅ》↕革新《かくしん》
無口《むくち》↕多弁《たべん》
猛暑《もうしょ》↕厳寒《げんかん》
黙秘《もくひ》↕供述《きょうじゅつ》
友好《ゆうこう》↕敵対《てきたい》
幼年《ようねん》↕老齢《ろうれい》
与党《よとう》↕野党《やとう》
乱暴《らんぼう》↕温和《おんわ》
利益《りえき》↕損失《そんしつ》
離脱《りだつ》↕参加《さんか》
留守《るす》↕在宅《ざいたく》
冷却《れいきゃく》↕加熱《かねつ》
冷静《れいせい》↕興奮《こうふん》
劣悪《れつあく》↕優良《ゆうりょう》
劣勢《れっせい》↕優勢《ゆうせい》

絶対覚えたい! 類義語

どちらかに4級配当漢字を含む熟語が使われている類義語を中心に出題される。類義語は「簡単」に対する「平易」「容易」のように、同じような意味をもつ複数の熟語がある場合が多いので注意したい。ここでは、過去に出題された類義語を中心に、類義語として問われると思われる熟語を下段に示し、空欄になる可能性の高い字を赤文字とした。

赤字《あかじ》—欠損《けっそん》
案内《あんない》—先導《せんどう》
異議《いぎ》—異存《いぞん》
腕前《うでまえ》—技量《ぎりょう》
運搬《うんぱん》—輸送《ゆそう》
縁者《えんじゃ》—親類《しんるい》
応援《おうえん》—加勢《かせい》
横領《おうりょう》—着服《ちゃくふく》
憶測《おくそく》—推量《すいりょう》
重荷《おもに》—負担《ふたん》
回想《かいそう》—追憶《ついおく》
介入《かいにゅう》—関与《かんよ》

介抱《かいほう》—看護《かんご》
加勢《かせい》—支援《しえん》
看過《かんか》—黙認《もくにん》
感心《かんしん》—敬服《けいふく》
簡単《かんたん》—平易《へいい》
奇抜《きばつ》—突飛《とっぴ》
基盤《きばん》—根幹《こんかん》
許可《きょか》—承認《しょうにん》
巨木《きょぼく》—大樹《たいじゅ》
技量《ぎりょう》—手腕《しゅわん》
近隣《きんりん》—周辺《しゅうへん》
屈指《くっし》—抜群《ばつぐん》

傾向《けいこう》—風潮《ふうちょう》
激賞《げきしょう》—絶賛《ぜっさん》
健康《けんこう》—丈夫《じょうぶ》
建築《けんちく》—造営《ぞうえい》
健闘《けんとう》—善戦《ぜんせん》
合格《ごうかく》—及第《きゅうだい》
高慢《こうまん》—尊大《そんだい》
考慮《こうりょ》—思案《しあん》
高齢《こうれい》—老年《ろうねん》
最高《さいこう》—至上《しじょう》
最初《さいしょ》—冒頭《ぼうとう》
細心《さいしん》—丹念《たんねん》

早速《さっそく》—即刻《そっこく》
失業《しつぎょう》—離職《りしょく》
使命《しめい》—任務《にんむ》
釈明《しゃくめい》—弁解《べんかい》
周到《しゅうとう》—綿密《めんみつ》
順序《じゅんじょ》—次第《しだい》
準備《じゅんび》—支度《したく》
上品《じょうひん》—優雅《ゆうが》
思慮《しりょ》—分別《ふんべつ》
親善《しんぜん》—友好《ゆうこう》
素直《すなお》—従順《じゅうじゅん》
前途《ぜんと》—将来《しょうらい》
対等《たいとう》—互角《ごかく》
他界《たかい》—永眠《えいみん》
長者《ちょうじゃ》—富豪《ふごう》
追加《ついか》—補足《ほそく》
手柄《てがら》—功績《こうせき》

手本《てほん》—模範《もはん》
同意《どうい》—賛成《さんせい》
同感《どうかん》—共鳴《きょうめい》
同等《どうとう》—匹敵《ひってき》
独占《どくせん》—専有《せんゆう》
土台《どだい》—基盤《きばん》
突然《とつぜん》—不意《ふい》
努力《どりょく》—精進《しょうじん》
日常《にちじょう》—平素《へいそ》
値段《ねだん》—価格《かかく》
薄情《はくじょう》—冷淡《れいたん》
抜群《ばつぐん》—非凡《ひぼん》
反撃《はんげき》—逆襲《ぎゃくしゅう》
備蓄《びちく》—貯蔵《ちょぞう》
風刺《ふうし》—皮肉《ひにく》
風潮《ふうちょう》—時流《じりゅう》
不朽《ふきゅう》—永遠《えいえん》

不在《ふざい》—留守《るす》
変更《へんこう》—改定《かいてい》
防御《ぼうぎょ》—守備《しゅび》
本気《ほんき》—真剣《しんけん》
真心《まごころ》—誠意《せいい》
脈絡《みゃくらく》—筋道《すじみち》
未来《みらい》—将来《しょうらい》
名誉《めいよ》—栄光《えいこう》
明朗《めいろう》—快活《かいかつ》
黙殺《もくさつ》—無視《むし》
有名《ゆうめい》—著名《ちょめい》
用心《ようじん》—警戒《けいかい》
離合《りごう》—集散《しゅうさん》
理由《りゆう》—根拠《こんきょ》
冷静《れいせい》—沈着《ちんちゃく》
隷属《れいぞく》—服従《ふくじゅう》
露見《ろけん》—発覚《はっかく》

絶対覚えたい!

四字熟語

4級の四字熟語では、四字のうち一字を漢字に直す問題が出題される。意味は問われないが、意味がわからないと漢字も定着しないので、同時にしっかりと覚えておきたい。ここでは、過去に出題された四字熟語を中心として、重要なものを取り上げた。

あ行

青《あお》息《いき》吐《と》息《いき》
困って苦しいときなどに、弱りきって吐くため息。また、そのため息の出るような状態。

悪《あく》事《じ》千《せん》里《り》
悪い行いはすぐに世間に知れ渡るということ。

悪《あく》戦《せん》苦《く》闘《とう》
①強敵に対して必死に戦うこと。②困難な状況の中で懸命に努力すること。

意《い》気《き》消《しょう》沈《ちん》
元気をなくして、がっくりと沈み込むこと。

意《い》気《き》投《とう》合《ごう》
互いの気持ちがぴったりと合って、仲良くなること。

異《い》口《く》同《どう》音《おん》
多くの人が口をそろえて同じ事を言うこと。多くの人の意見が一致すること。

意《い》志《し》堅《けん》固《ご》
目的や計画を選択し、それを実現しようとする精神の働きがしっかりと定まって動かないこと。

意《い》志《し》薄《はく》弱《じゃく》
物事をやりとげようとする気持ちや、自分で決断を下す判断力に欠けること。

一《いち》意《い》専《せん》心《しん》
わき目もふらず一つのことだけに心を注ぐこと。

一《いち》日《じつ(にち)》千《せん》秋《しゅう》
一日が非常に長く感じられること。待ち遠しいこと。

一《いち》部《ぶ》始《し》終《じゅう》
①書物の始めから終わりまで。②成り行きの始めから終わりまで。てん末。

一《いち》望《ぼう》千《せん》里《り》
広大な眺《なが》めを一目で見渡すこと。

一《いち》網《もう》打《だ》尽《じん》
(網をうって一度に多くの魚を捕らえることから)一味の者を一度にすべて捕らえること。

一《いっ》挙《きょ》両《りょう》得《とく》
一つの事を行って、同時に二つの利益を収めること。一石二鳥。

一《いっ》刻《こく》千《せん》金《きん》
わずかな時間が千金にも相当するということ。楽しい時や貴重な時が過ぎて行くのをおしんでいう。

一《いっ》触《しょく》即《そく》発《はつ》
ちょっとしたきっかけで、爆発するような危機に直面していること。

一《いっ》進《しん》一《いっ》退《たい》
①進んだり後戻りしたりすること。②事態がよくなったり悪くなったりすること。

一《いっ》心《しん》不《ふ》乱《らん》
一つの事に心を集中して、ほかの事に気をとられないこと。また、そのさま。

一《いっ》刀《とう》両《りょう》断《だん》
①ひと太刀で真っ二つに断ち切ること。②断固たる処置をすること。

意《い》味《み》深《しん》長《ちょう》
ある表現の示す内容が奥深くて含蓄のあること。表面上の意味のほかに別の意味が隠されていること。

因《いん》果《が》応《おう》報《ほう》
前世あるいは過去の善悪の行為が原因となり、その報いで現在に善悪の結果がもたらされること。

有《う》為《い》転《てん》変《ぺん》
この世の事物一切は因縁によって仮に存在しているもので、常に移り変わっていくはかないものであること。

雲《うん》散《さん》霧《む》消《しょう》
雲が散って消えるように、あとかたもなく消えてなくなること。

応《おう》急《きゅう》処《しょ》置《ち》
急場の間に合わせに、とりあえず施す処置や手当て。

温《おん》故《こ》知《ち》新《しん》
過去の時日を研究し吟味して、そこから新しい知識や見解を得ること。

か行

外《がい》交《こう》辞《じ》令《れい》
相手に好感を抱かせるように、表面をつくろっていう言葉。口先だけのお世辞。

花《か》鳥《ちょう》風《ふう》月《げつ》
風流の対象として眺められる自然の風物。

完《かん》全《ぜん》無《む》欠《けつ》
欠点や不足がまったくなくて、非の打ち所のないこと。

危《き》機《き》一《いっ》髪《ぱつ》
髪の毛一本ほどのごくわずかなところまで危機が迫ること。危ないせとぎわ。

起《き》死《し》回《かい》生《せい》
死にかけていたものを生き返らせること。滅びかけているものや絶望的な状態のものを立ち直らせること。

起《き》承《しょう》転《てん》結《けつ》
①漢詩、特に絶句の構成法。②物事や文章の順序・組み立て。

喜《き》色《しょく》満《まん》面《めん》
喜びを顔いっぱいに表すこと。

疑《ぎ》心《しん》暗《あん》鬼《き》
疑う心が強くなると、何でもないことが恐ろしく感じられたり、疑わしく思えたりすること。

奇《き》想《そう》天《てん》外《がい》
普通の人の思いもつかないような奇抜な考え。

急《きゅう》転《てん》直《ちょっ》下《か》
事態が急転して、速やかに決着に向かうこと。

狂《きょう》喜《き》乱《らん》舞《ぶ》
常軌を逸するほど非常に喜び、入り乱れて踊ること。

驚《きょう》天《てん》動《どう》地《ち》
（天を驚かし地を動かす意から）世間をひどく驚かすこと。

議《ぎ》論《ろん》百《ひゃく》出《しゅつ》
数多くの意見が次々と出て、議論が活発であること。

金《きん》科《か》玉《ぎょく》条《じょう》
最も大切にして守らなければならない法律・規則。絶対的なよりどころ。

空《くう》前《ぜん》絶《ぜつ》後《ご》
過去にも例がなく、将来もありえないと思われる、ごくまれなさま。きわめて珍しいこと。

言《げん》行《こう》一《いっ》致《ち》
口で言うことと行動に矛盾がないこと。主張しているとおりに行動すること。

現《げん》状《じょう》維《い》持《じ》
現在の状態をそのまま保ち続けること。

好《こう》機《き》到《とう》来《らい》
物事をするのにちょうどよい機会がくること。チャンスが訪れること。

古《こ》今《こん》東《とう》西《ざい》
昔から今までに至る、すべての所。いつでもどこでも。

後《ご》生《しょう》大《だい》事《じ》
①来世の安楽をいちずに願うこと。②物事を大切にすること。一生懸命つとめること。

五《ご》里《り》霧《む》中《ちゅう》
①方向を失い、見通しや方針がまったく立たないこと。②物事の判断がつかなくて、どうしていいか迷うこと。

言《ごん》語《ご》道《どう》断《だん》
言葉で表現できないほどとんでもないこと。もってのほか。

さ行

山《さん》紫《し》水《すい》明《めい》
日に映えて山は紫色に見え、川の水は澄んで清らかであること。山や川の景色が美しいことをいう。

自《じ》画《が》自《じ》賛《さん》
①自分の描いた画に自分で賛を書くこと。②自分のした行為を自分でほめること。

自《じ》給《きゅう》自《じ》足《そく》
必要な物資を自分自身の力で生産して満たすこと。

事《じ》実《じつ》無《む》根《こん》
根拠となる事実がまったくないこと。根も葉もないこと。

七《しち》難《なん》八《はっ》苦《く》
多くの苦難が重なること。ありとあらゆる苦難。

縦《じゅう》横《おう》無《む》尽《じん》
どの方面にも限りがないこと。物事を思う存分にすること。

熟《じゅく》慮《りょ》断《だん》行《こう》
時間をかけて十分に考えたうえで思い切って実行すること。

思《し》慮《りょ》分《ふん》別《べつ》
慎重に考えて思案をめぐらし、物事を判断すること。

心《しん》機《き》一《いっ》転《てん》
あることをきっかけにして、気持ちがすっかり変わること。

信《しん》賞《しょう》必《ひつ》罰《ばつ》
功績があれば必ず賞を与え、罪があれば必ず罰すること。賞罰のけじめを厳格に行うこと。

針《しん》小《しょう》棒《ぼう》大《だい》
小さい事柄を大げさに言うこと。

人《じん》跡《せき》未《み》踏《とう》
人がまだ一度も足を踏み入れたことがないこと。

人《じん》面《めん》獣《じゅう》心《しん》
①顔は人間であるが、心はけだものに等しいこと。②恩義を知らない者、冷酷非情な者のたとえ。

頭《ず》寒《かん》足《そく》熱《ねつ》
頭を冷やし、足を暖かくすること。安眠でき、健康によいとされる。

晴《せい》耕《こう》雨《う》読《どく》
晴れた日は外に出て耕し、雨の日は家にいて読書を楽しむこと。田園に閑居する自適の生活をいう。

前《ぜん》途《と》有《ゆう》望《ぼう》
行く手や将来に望みが多いこと。見込みがあること。

創《そう》意《い》工《く》夫《ふう》
新しい思いつきや独創的な考えでいろいろ考えてよい方法を得ようとすること。

即《そく》断《だん》即《そっ》決《けつ》
その場ですぐに判断したり決断したりし、即座に決めること。

た行

大《たい》器《き》晩《ばん》成《せい》
大きな器が早く出来上がらないように、大人物は才能が表れるのは遅いが、徐々に大成するということ。

大《たい》義《ぎ》名《めい》分《ぶん》
①人として、また臣民として守るべき道義と節度。②行動のよりどころとなる道理や根拠。

大《だい》同《どう》小《しょう》異《い》
小さな違いはあっても、だいたいが同じであること。似たりよったり。

多《た》事《じ》多《た》難《なん》
多くの事件や困難があること。

単《たん》刀《とう》直《ちょく》入《にゅう》
前置きなしに、直接に要点を突くこと。遠回しでなく、すぐに本題に入ること。

沈《ちん》思《し》黙《もっ》考《こう》
沈黙して深く考え込むこと。

適《てき》材《ざい》適《てき》所《しょ》
その人の適性や能力に応じて、それにふさわしい地位・仕事に就かせること。

適《てき》者《しゃ》生《せい》存《ぞん》
生物が、生存競争で環境に最も適したものだけが生き残って子孫を残しうること。

天《てん》災《さい》地《ち》変《へん》
自然界の変動によって起こる災害や異変。

闘《とう》志《し》満《まん》満《まん》
戦おうとする意気込みに満ちあふれているさま。

同《どう》床《しょう》異《い》夢《む》
①同じ床に枕を並べて寝ながら、それぞれ違った夢を見ること。②同じ事をしながら、意見や思惑が異なること。

は行

博《はく》学《がく》多《た》才《さい》
広く学問に通じ、豊富な知識をもってさまざまな方面に才能があること。

八《はっ》方《ぽう》美《び》人《じん》
だれに対しても如才なく振る舞うこと。また、その人。

品《ひん》行《こう》方《ほう》正《せい》
行いや心がきちんとして正しいこと。また、そのさま。

不《ふ》可《か》抗《こう》力《りょく》
①人間の力ではどうにも逆らうことのできないこと。②外部から生じた事実で普通に要求される注意や予防方法を講じてもなお防止できないもの。

不《ふ》言《げん》実《じっ》行《こう》
文句や理屈を言わずに、黙ってなすべきことを実行すること。

付《ふ》和《わ》雷《らい》同《どう》
自分自身に一定の主義・主張がなく、他の説にわけもなく安易に賛成すること。

豊《ほう》年《ねん》満《まん》作《さく》
稲などの作物が豊かに実り、収穫が非常に多いこと。

抱《ほう》腹《ふく》絶《ぜっ》倒《とう》
腹を抱えてひっくり返るほど大笑いをすること。

本《ほん》末《まっ》転《てん》倒《とう》
物事の根本的で重要なことと、ささいでつまらないこととを取り違えること。

ま・や行

無《む》病《びょう》息《そく》災《さい》
まったく病気をしないで健康であること。

無《む》味《み》乾《かん》燥《そう》
おもしろみや風情、潤いのないこと。また、そのさま。

無《む》理《り》難《なん》題《だい》
解決不可能な問題。道理に外れた言いがかり。むちゃくちゃな難癖。

明《めい》鏡《きょう》止《し》水《すい》
何のわだかまりや邪念もなく、澄みきって静かな心境。

名《めい》実《じつ》一《いっ》体《たい》
評判と実際が同一であること。

名《めい》所《しょ》旧《きゅう》跡《せき》
景色・旧跡などで有名な場所や歴史上の事件や事物のあった場所。

面《めん》従《じゅう》腹《ふく》背《はい》
表面では服従するように見せかけて、内心では反抗すること。

門《もん》外《がい》不《ふ》出《しゅつ》
貴重な芸術品などを秘蔵し、めったに他人に見せたり貸したりすることを許さないこと。

問《もん》答《どう》無《む》用《よう》
あれこれ議論しても何の利益もないこと。もはや議論する必要のないこと。

優《ゆう》柔《じゅう》不《ふ》断《だん》
気が弱くぐずぐずして決断力に乏しいこと。

有《ゆう》名《めい》無《む》実《じつ》
名ばかりで、それに伴う実質がないこと。評判と実際とが違っていること。

ら行

利《り》害《がい》得《とく》失《しつ》
利益と損害。

力《りき》戦《せん》奮《ふん》闘《とう》
力の限り戦うこと。全力を尽くして努力すること。

理《り》路《ろ》整《せい》然《ぜん》
物事が道理にあてはまっているさま。話などの筋道が通っているさま。

臨《りん》機《き》応《おう》変《へん》
その時その場に応じて、適切な手段を施すこと。また、そのさま。

論《ろん》旨《し》明《めい》快《かい》
論文・議論の主旨や筋道が明らかですっきりしていること。

常用漢字表・付表

熟字訓・当て字

▼改定された常用漢字表・付表にある、熟字訓・当て字です。読み間違えのないように、繰り返し確認しましょう。
▼——線の漢字は、高等学校で習う読みです。

あ 明日（あす）・小豆（あずき）・海女・海士（あま）・硫黄（いおう）・意気地（いくじ）・田舎（いなか）・息吹（いぶき）・海原（うなばら）・乳母（うば）・浮気（うわき）・浮つく（うわつく）・笑顔（えがお）・叔父・伯父（おじ）・大人（おとな）・乙女（おとめ）・叔母・伯母（おば）・お巡りさん（おまわりさん）・お神酒（おみき）・母屋・母家（おもや）

か 母さん（かあさん）・神楽（かぐら）・河岸（かし）・鍛冶（かじ）・風邪（かぜ）・固唾（かたず）・仮名（かな）・蚊帳（かや）・為替（かわせ）・河原・川原（かわら）・昨日（きのう）・今日（きょう）・果物（くだもの）・玄人（くろうと）・今朝（けさ）・景色（けしき）・心地（ここち）・居士（こじ）・今年（ことし）

さ 早乙女（さおとめ）・雑魚（ざこ）・桟敷（さじき）・差し支える（さしつかえる）・五月（さつき）・早苗（さなえ）・五月雨（さみだれ）・時雨（しぐれ）・尻尾（しっぽ）・竹刀（しない）・老舗（しにせ）・芝生（しばふ）・清水（しみず）・三味線（しゃみせん）・砂利（じゃり）・数珠（じゅず）・上手（じょうず）・白髪（しらが）・素人（しろうと）・師走（しわす・しはす）・数寄屋・数奇屋（すきや）・相撲（すもう）・草履（ぞうり）

た 山車（だし）・太刀（たち）・立ち退く（たちのく）・七夕（たなばた）・足袋（たび）・稚児（ちご）・一日（ついたち）・築山（つきやま）・梅雨（つゆ）・凸凹（でこぼこ）・手伝う（てつだう）・伝馬船（てんません）・投網（とあみ）・父さん（とうさん）・十重二十重（とえはたえ）・読経（どきょう）・時計（とけい）・友達（ともだち）

な 仲人（なこうど）・名残（なごり）・雪崩（なだれ）・兄さん（にいさん）・姉さん（ねえさん）・野良（のら）・祝詞（のりと）

は 博士（はかせ）・二十・二十歳（はたち）・二十日（はつか）・波止場（はとば）・一人（ひとり）・日和（ひより）・二人（ふたり）・二日（ふつか）・吹雪（ふぶき）・下手（へた）・部屋（へや）

ま 迷子（まいご）・真面目（まじめ）・真っ赤（まっか）・真っ青（まっさお）・土産（みやげ）・息子（むすこ）・眼鏡（めがね）・猛者（もさ）・紅葉（もみじ）・木綿（もめん）・最寄り（もより）

や 八百長（やおちょう）・八百屋（やおや）・大和（やまと）・弥生（やよい）・浴衣（ゆかた）・行方（ゆくえ）・寄席（よせ）

わ 若人（わこうど）

メモ

メ モ

メ モ

本書に関する最新情報は，当社ホームページにある本書の「サポート情報」をご覧ください。（開設していない場合もございます。）

漢字検定 4 級 完成問題

編著者　絶対合格プロジェクト
発行者　岡　本　明　剛
印刷所　岩岡印刷株式会社

発　行　所

大阪市西区新町２丁目19番15号
TEL (06) 6532-1581 (代)　〒550-0013
FAX (06) 6532-1588